LE MINI MEMOS F

W0363152

Les sources du droit social 1
Les règles communes aux contrats de travail 2
Le contrat de travail à durée indéterminée *(CDI)* 3
Les contrats de travail précaires *(1re partie)* 4
Les contrats de travail précaires *(2e partie)* 5
L'évolution du contrat de travail 6
Les conditions de travail : le temps de travail 7
Les conditions de travail : la rémunération 8
Les conditions de travail : la formation professionnelle 9
Les pouvoirs de l'employeur 10
La protection de la santé des travailleurs 11
La protection de la personne au travail 12
La rupture du contrat de travail 13
La représentation collective 14
La négociation collective 15
L'association des salariés aux performances de l'entreprise 16
Le bilan social 17
Les conflits collectifs 18
Le contrôle de l'application du droit social par l'inspection du travail 19
Résolutions amiables des litiges et contentieux prud'homal, civil, penal, administratif 20
Le travail illégal 21
La sécurité sociale 22

L'AUTEUR
Françoise Rouaix
Agrégée d'économie et de gestion

LES SOURCES DU DROIT DU TRAVAIL

Les sources IMPOSÉES

PLAN INTERNATIONAL ET EUROPÉEN :
il s'agit des traités ou conventions ratifiés par la France

Plan international	1919 : création de **l'Organisation Internationale du Travail** (OIT) à Versailles ; elle siège à Genève. Est une institution de l'ONU.	L'OIT élabore des conventions (ex : sur le travail des enfants, l'égalité et la discrimination) que les États peuvent ratifier ou non.
Plan européen	Mise en place d'une politique spécifique axée sur la lutte contre le chômage, la protection sociale et le combat contre l'exclusion sociale.	La Commission européenne a adopté des mesures visant à encourager l'emploi, en visant trois objectifs : soutenir la création d'emplois, rétablir la dynamique des marchés de l'emploi et renforcer la gouvernance des politiques en matière d'emploi.

PLAN NATIONAL

Constitution	En application de l'article 34 de la Constitution, **la loi** détermine **les principes fondamentaux du droit du travail, du droit syndical et de la sécurité sociale.**
Loi	Elle peut être accompagnée de règlements (décrets) pour son application. Des règlements peuvent être pris dans des domaines où la loi n'intervient pas.
Ordonnance	Elle émane du pouvoir exécutif.
Décrets et arrêtés	Ils émanent du pouvoir exécutif, et sont ou non pris pour l'application d'une loi.

Les sources NÉGOCIÉES

Conventions collectives et accords collectifs	• *sont conclus entre les* ***partenaires sociaux.*** • *la loi prévoit le* ***contenu*** *des conventions collectives et des accords collectifs.*
Contrat de travail individuel	• *est conclu* ***entre un employeur et un salarié.*** • *ne peut en principe contenir de clauses contraires aux sources de droit imposées et aux conventions et accords collectifs.*

Les usages

- **Notion d'usage : pratique** propre à une région, une localité, une profession ou une entreprise, et créatrice de droits pour les salariés et d'obligations pour l'employeur.

→ Il y a usage quand l'employeur accorde un droit sur une longue durée.
Ce droit n'est inscrit sur aucun document écrit, mais il doit être respecté par l'employeur.

- **Différents types d'usages**

USAGES RÉGIONAUX, PROFESSIONNELS

- *ils s'imposent à l'employeur. Un usage peut se traduire par* ***une pratique couramment suivie*** *dans* ***un secteur d'activité*** *ou dans* ***un secteur géographique*** *; elle est* ***générale et permanente.***
- *l'usage, en tant que* ***pratique****, est* ***obligatoire*** *par les partenaires sociaux.*

USAGE D'ENTREPRISE

- *c'est une* ***pratique*** *suivie dans une entreprise et qui a un* ***caractère unilatéral****, car il est institué par l'employeur de sa propre initiative.*
- ***conditions*** *à remplir par l'usage :* ***généralité*** *(concerne l'ensemble du personnel d'une entreprise ou une catégorie homogène de salariés),* ***constance*** *(ex : 15 ans),* ***fixité*** *(règles précises, pas d'appréciation discrétionnaire de l'employeur),* ***licéité*** *(respect des principes d'ordre public).*
- ***dénonciation*** *de l'usage : par volonté commune (employeur et salariés) OU par conclusion d'une convention ou d'un accord collectif qui met fin à l'usage OU par dénonciation unilatérale par l'employeur.*

→ Procédure à suivre par l'employeur ; à défaut, l'usage reste en vigueur.

Les actes unilatéraux de l'employeur

- **Notion d'acte unilatéral :** acte par lequel **l'employeur** ou **une organisation syndicale d'employeurs** s'engage à accorder **un avantage déterminé** à un salarié ou une catégorie déterminée de salariés ou à l'ensemble du personnel de l'entreprise.

Les décisions des juridictions = la jurisprudence

- Les juridictions suivantes sont compétentes pour résoudre **les litiges individuels du travail :**
  - *au 1er degré : Conseil de prud'hommes*
  - *au 2nd degré : Cour d'appel : chambre sociale*
  - *Cour de cassation : chambre sociale*

Les sources de droit sont hiérarchisées

Principe

- **Niveaux : 1.** traités internationaux, **2.** traités de l'UE, **3.** Constitution, **4.** lois - ordonnances, **5.** règlements, **6.** conventions et accords collectifs, **7.** usages, **8.** jurisprudence, **9.** actes unilatéraux de l'employeur, **10.** contrat de travail.
- **But** de cette hiérarchie : respect de **l'ordre public social** : une source de droit inférieure (ex : contrat de travail) ne doit pas aller à l'encontre des normes supérieures (ex : loi, traités internationaux).

  → C'est la norme la plus favorable au salarié ***(principe de faveur)*** *qui doit être appliquée par l'employeur.*

Limitations apportées au principe de faveur

- Application du **principe de proximité** : entre conventions collectives, la convention inférieure (ex : accord d'entreprise) n'est pas obligatoirement plus favorable que le niveau supérieur auquel elle peut déroger, à moins que ce dernier n'en dispose expressément autrement.
- Validité des accords d'entreprise : s'ils sont signés par **des syndicats représentant au moins 50 % des voix.**

→

LES RÈGLES COMMUNES AUX CONTRATS DE TRAVAIL

Elles concernent les caractéristiques
du contrat de travail
→ ***recrutement du salarié***
→ ***conditions de formation du contrat de travail***
→ ***clauses du contrat de travail***
→ ***exécution du contrat de travail***

Les contrats de travail précaires

- *La loi ne définit pas **le contrat de travail**. Pour la jurisprudence : il y a un contrat de travail lorsqu'une personne s'engage à travailler pour compte et sous la direction d'une autre moyennant rémunération.*
  → *éléments qui constituent le contrat de travail : **prestation de travail, rémunération** (somme d'argent, avantages en nature), **lien de subordination juridique** (l'employeur peut exercer un pouvoir de direction, de contrôle et de sanction sur le salarié).*
- *Le contrat de travail (CT) peut être **à durée indéterminée** (CDI) **ou déterminée**. Il est réglementé par **le droit du travail**. Le droit qui s'applique de manière impérative constitue **l'ordre public social**.*

Recrutement du salarié

→ **ÉTAPE 1** : recrutement = **recherche** des personnes afin de pourvoir les postes disponibles dans l'entreprise et **sélection**
→ **ÉTAPE 2** : conclusion du **contrat de travail**

Liberté de l'employeur quant au choix de la filière de recrutement :

- ***Recours à des services du placement de la main-d'œuvre*** *(ex : Pôle emploi, cabinet de recrutement) ou à **une embauche directe** (ex : dans l'entreprise).*
  → *règles à respecter pour une offre d'emploi notamment pour le contenu (par ex : offre datée, pas de limite d'âge maximale en principe, pas de mentions discriminatoires).*

Liberté d'embauche de l'employeur contrôlée quant au choix du candidat

Exemple : **réglementation des méthodes de recrutement :** les informations demandées doivent avoir un lien direct et nécessaire avec l'emploi proposé ou avec l'évaluation des aptitudes professionnelles.

Atteintes à la liberté d'embauche

Principe de l'interdiction des discriminations directes ou indirectes à l'embauche, ex : principe d'égalité de traitement entre les hommes et les femm[es], pas de harcèlement sexuel...

Vérifications à effectuer par l'employeur, ex : interdictions d'embaucher (ex : sala[rié] avec une clause de non-concurrence), obligation légale d'emploi des handicapés.

Promesse d'embauche

Définition	Convention par laquelle l'employeur ou le salarié s'engage envers un bénéficiaire (salarié ou employeur) à conclure un contrat de travail à une date précise.
Valeur juridique	Vaut contrat de travail quand elle précise l'emploi proposé et la date d'entrée en fonction et qu'elle est acceptée par le salarié.
Effets de sa rupture	Licenciement sans cause réelle et sérieuse ; si elle émane du salarié, ce dernier peut être condamné à verser des dommages-intérêts à l'employeur.

Conditions de formation du contrat de travail

Conditions de *FOND*

- **Consentement des parties** ne doit pas être vicié pour être valide par **l'erreur**, **le dol** et **la violence**. Ces vices sont **des causes de nullité relative du contrat** s'ils ont eu un caractère déterminant dans la conclusion du contrat.
- **Capacité des parties :** en principe, il faut être majeur.
- **Contenu du contrat :** salaire, qualification et emploi ; obligations pour l'employeur (versement du salaire) et pour le salarié (prestation de travail).

→ Sanction du non-respect des conditions de fond : nullité du contrat, qui n'est pas rétroactive

Conditions de *FORME*

- **CDI :** peut être conclu oralement ou par un écrit (ce dernier n'est pas une condition de validité).
- **CDD** (contrat de travail temporaire, contrat à temps partiel) : sont obligatoirement écrits.
- **Formalisme**

Pour protéger le salarié	Dès l'embauche, **informations à fournir par écrit au salarié,** ex : • *dans les 2 mois de l'embauche : fournir au salarié un document contenant l'identité des parties, lieu de travail, emploi occupé, salaire...* • *forme, ex : acte sous signature privée ou lettre d'engagement adressée par l'employeur au salarié.*
Pour contrôler l'embauche, empêcher le travail dissimulé	1. Déclaration préalable à l'embauche (DPAE) à l'URSSAF avec remise au salarié, d'une copie de la DPAE ou de l'accusé réception de cette déclaration. 2. Inscription sur le registre unique du personnel. 3. Visite médicale d'embauche.

Clauses du contrat de travail

Clauses *INTERDITES*

- Une clause interdite est **contraire à l'ordre public** (ex : clause attributive de juridiction).

→ nullité de la clause (si elle est accessoire) ou nullité du contrat

Période d'essai

- Caractéristiques générales
  - *But : permettre à l'employeur **d'évaluer les compétences du salarié** dans son travail et au salarié d'apprécier si les fonctions occupées lui conviennent.*
  - *Caractère **facultatif** ; mais elle doit être expressément inscrite dans le contrat de travail ou la lettre d'engagement.*
  - ***Durée variable** ; le contrat peut être rompu unilatéralement par l'une ou l'autre partie sans formalité, ni indemnité.*
- Durée de la période d'essai
  - *Pour le CDI, la durée fixée librement ; la **durée maximale** est 2 mois pour les ouvriers et les employés, 3 mois pour les agents de maîtrise et les techniciens et 4 mois pour les cadres. Une **durée plus courte** peut être prévue.*
  - *La période d'essai **commence à la date d'embauche** (le 1er jour d'exécution du travail). Le salarié doit être informé par l'employeur de la rupture de la période d'essai avant la fin de l'essai.*

→

- ***Prolongation ou renouvellement de la période d'essai***
  - ***prolongation :*** *en cas de suspension du contrat de travail pendant l'exécution de la période d'essai (ex : si maladie) ;*
  - ***renouvellement :*** *à l'issue de la période d'essai initialement prévue. Elle peut être renouvelée une seule fois à certaines conditions ; la durée de renouvellement ne peut dépasser les durées légales maximales (4 mois : ouvriers et employés, 6 mois : agents de maîtrise et techniciens, 8 mois). Le salarié doit accepter le renouvellement.*

Rupture de la période d'essai

- **Principe** : ***liberté de rupture*** *par le salarié ou l'employeur à tout moment, sans procédure, formalité, motif. Cependant : l'auteur de la rupture doit respecter un délai de prévenance.*
- ***Limites à la liberté de rupture par l'employeur :***
  - ***si rupture fautive ou abusive :*** *l'employeur peut être condamné à des dommages-intérêts en cas d'abus (ex : rupture pour des considérations étrangères à la finalité de l'essai) ;*
  - ***si atteinte à l'ordre public ou motif discriminatoire :*** *la rupture est nulle (ex : si rupture pendant suspension du contrat pour accident du travail) ;*
  - *dans tous les cas : l'employeur doit* ***notifier la rupture*** *avant la fin de la période d'essai.*

Contenu du contrat de travail : exemples de clauses

Clauses pour **l'exécution du contrat de travail**	Elles peuvent concerner : le lieu de travail (ex : clause de mobilité géographique), l'emploi occupé (ex : clause d'exclusivité), la rémunération (ex : clause de variation de salaire).
Clauses liées **à la rupture du contrat de travail**	*Exemples :* clause de dédit-formation, clause de non-concurrence.

Exécution du contrat de travail : obligations du salarié et de l'employeur

OBLIGATIONS	EMPLOYEUR	SALARIÉ
Obligation **principale**	= Fournir le travail convenu et verser le salaire prévu.	= Exécuter le travail demandé, respecter le règlement intérieur et les directives de l'employeur.
Exécution de bonne foi	Obligation de **loyauté** et de **bonne foi** qui implique notamment : • *le* ***respect*** *des libertés individuelles et collectives, de la vie privée du salarié ;* • *la* ***protection des salariés*** *contre le harcèlement moral ou sexuel.*	• ***s'abstenir de toute activité concurrente ;*** • *respect de l'obligation de* ***loyauté*** *(ex : restitution des fichiers en fin de contrat) ;* • *obligation de* ***discrétion*** *(ex : pour informations confidentielles).*

LE CONTRAT DE TRAVAIL À DURÉE INDÉTERMINÉE (CDI) *Règles spécifiques*

3

Cas de recours au CDI

- Selon le Code du travail : le contrat de travail à durée indéterminée est la forme normale et générale de la relation de travail.
  - → *le recours aux autres contrats doit être une exception.*
  - → *le CDI s'impose à chaque fois qu'il s'agit de* ***pourvoir durablement un emploi permanent.***

Forme du contrat

- **L'écrit** n'est pas obligatoire car le CDI est un contrat consensuel.
  - → *à noter : la rédaction d'un écrit est vivement conseillée : cf. le droit européen qui impose la remise d'un écrit au salarié dans les 2 mois suivant l'embauche (cf. : remise d'une copie de la DPAE, obligation d'établir un bulletin de salaire).*

Contenu du contrat

- **Clauses** qui peuvent être intégrées dans le contrat, ex : clauses d'exclusivité, de mobilité, de non-concurrence, de dédit-formation.
- Clauses interdites, ex : clauses de transfert des charges patronales, attributive de juridiction, compromissoire.
  - → *à noter : les parties disposent d'une grande liberté pour déterminer le contenu du contrat.*

Exécution et rupture du contrat

- Il faut respecter le Code du travail, les conventions et les accords collectifs.
- Le contrat doit être exécuté **de bonne foi** par les parties, c'est-à-dire exécuté **avec loyauté**, par ex :
  - *l'employeur doit informer le salarié du changement de ses fonctions ;*
  - *le salarié doit s'abstenir de tout acte contraire à l'intérêt de l'entreprise.*

LES CONTRATS DE TRAVAIL PRÉCAIRES
(1re partie)

Les contrats de travail précaires

Contrat à durée déterminée (CDD) et contrat de travail temporaire (CTT)

Recours

Au CDD	1 CONTRAT	Contrat entre l'employeur et le salarié	
Au CTT	2 CONTRATS	Contrat de travail temporaire (CTT) ou contrat de mission	Entre l'entreprise de travail temporaire (ETT) et le salarié Peut être à durée indéterminée pour l'exécution de missions successives.
		Contrat de mise à disposition	Entre l'entreprise utilisatrice et l'ETT

Conclusion du CDD, du CTT = travail précaire

- **Principe** : l'employeur doit **motiver le recours au travail précaire**. Le CDD ou le CTT doit être conclu dans les cas prévus par la loi.
- **Cas de recours autorisés**

Remplacement d'un salarié absent ou dont le contrat a été suspendu	Sauf en cas de grève.
Remplacement d'un salarié passé provisoirement à temps partiel	Ex : pour un congé parental.
Remplacement d'un salarié qui a définitivement quitté l'entreprise	2 cas sont possibles : • le poste du salarié remplacé doit être supprimé ; • remplacement dans l'attente d'un recrutement par CDI.
Accroissement temporaire de l'activité de l'entreprise	L'accroissement est habituel ou non, occasionnel ou exceptionnel.
Emplois à caractère saisonnier	Tâches qui se répètent chaque année selon une périodicité à peu près fixe.
Remplacement notamment d'un chef d'entreprise artisanale, industrielle ou commerciale	Pour faciliter la poursuite de l'activité de l'entreprise.
Recrutement d'ingénieurs et de cadres	But : réaliser un objet défini lorsqu'un accord de branche étendu ou, à défaut, un accord d'entreprise le prévoit.

- Interdictions

Cas de recours interdits	Grève	C'est-à-dire pour remplacer un salarié en grève.
	Travaux dangereux	S'il faut une surveillance médicale spéciale.
	Licenciement économique	Sur un poste supprimé depuis moins de 6 mois à la suite d'un tel licenciement.
Succession de contrats	Succession de CDD sur un même poste avec le même salarié ou non	**Principe** : à l'expiration du CDD, l'employeur doit respecter **un délai de carence.**
	Succession de CDD avec le même salarié	Conditions légales différentes selon les cas de recours au CDD.

- Sanction de recours illicites : la requalification en CDI
  - *Demande de requalification par le salarié ou par un syndicat (action syndicale de substitution).*
  - *Procédure devant le bureau de jugement du conseil des prud'hommes qui statue dans le délai d'un mois de sa saisine.*
  - *Indemnité de requalification reçue par le salarié et qui ne peut être inférieure à un mois de salaire.*

Régime juridique des contrats de travail précaires

- Durée

Durée initiale	Contrat à terme précis ou de date à date	Durée maxi légale : **principe** : 18 mois maxi, renouvellement compris ; 24 mois ou 9 maxi dans certains cas.
	Contrat à terme imprécis	Possible : terme imprécis avec une durée minimale.
Renouvellement	Une convention ou un accord de branche peut fixer le nombre maximal de renouvellements possibles ; à défaut, principe : renouvelable 2 fois pour une durée déterminée.	
Durée des CDD	**Principe** : la durée totale [durée initiale + renouvellement(s)], ne peut excéder la durée maximale prévue par la convention ou l'accord de branche.	

- Conclusion du contrat : forme du contrat

CDD	Écrit obligatoire	• *à défaut : est réputé conclu pour une durée indéterminée ; présomption irréfragable.* • *contient des mentions obligatoires (motif du recours au CDD, poste de travail...).*
	Remise au salarié	Possible : terme imprécis avec une durée minimale.
CTT	Contrat de mise à disposition	Par écrit au plus tard dans les 2 jours ouvrables suivant la mise à disposition du salarié.
	Contrat de mission	Par écrit ; est remis au salarié au plus tard dans les 2 jours ouvrables suivant la mise à disposition du salarié. À défaut d'écrit : il y a requalification en CDI vis-à-vis de l'ETT.

- Statut du salarié

Principe	Égalité de traitement	Le salarié en CDD ou CTT a le même traitement que les salariés en CDI, sauf pour rupture du contrat. L'entreprise utilisatrice est responsable des conditions d'exécution du travail.
Période d'essai	**Principe**	Est facultative. Doit être prévue dans le contrat.
	Pour CDD	Durée maxi, ex : pour un CDD d'une durée inférieure ou égale à 6 mois : 1 jour par semaine dans la limite de 2 semaines.
	Pour CTT	Durée maxi, ex : pour un CTT d'une durée inférieure ou égale à 1 mois : 2 jours.
Rémunération	Équivalente à celle perçue par un salarié en CDI dans l'entreprise.	
Congés payés	Idem salarié en CDI dans l'entreprise.	
Hygiène et sécurité		

→

Droits collectifs	Pour CDD	Peuvent être électeurs et éligibles aux élections des représentants du personnel.
	Pour CTT	Peuvent exercer un mandat de représentant du personnel dans l'ETT.

- Cessation de contrat

RÈGLES APPLICABLES	
La rupture ne constitue jamais un licenciement.	
Principe	Fin du contrat : à l'arrivée du terme (précis ou imprécis).
Rupture anticipée	• *pour le contrat à terme précis : avant le terme prévu ; pour le contrat à terme imprécis : pendant la durée minimale ou au-delà de cette période ou avant la réalisation de l'objet.*
	• *notamment par accord écrit des parties, en cas de faute grave de l'une ou l'autre partie (l'employeur qui rompt le contrat pour faute grave doit respecter la procédure disciplinaire).*
CONSÉQUENCES D'UNE RUPTURE PROHIBÉE	
Rupture par employeur	Le salarié reçoit une indemnité dont le montant est au moins égal à la rémunération qu'il aurait perçue jusqu'au terme du contrat, en plus de l'indemnité de fin de contrat et de l'indemnité de congés payés.
Rupture par salarié	L'employeur a droit à des dommages-intérêts en fonction du préjudice qu'il a subi.
INDEMNITÉ DE FIN DE CONTRAT	
CDD	**Principe** : montant égal à 10 % , en principe, de la rémunération brute perçue pendant la durée du travail (à l'exclusion de l'indemnité compensatrice de congés payés).
	Exceptions relatives à la nature du motif de recours : l'indemnité n'est pas due notamment pour les contrats saisonniers, et ceux pour lesquels il est d'usage de ne pas recourir à un CDI.
CTT	**Principe** : montant égal à 10 % de la rémunération brute perçue pendant la durée du travail (à l'exclusion de l'indemnité compensatrice de congés payés).

Contrat à temps partiel ou contrat de travail à temps choisi

Caractéristiques

Durée	Est inférieure à celle d'un travailleur à temps plein comparable.
Mise en place	• *cadre : semaine, mois ou année dans des cas précis (ex : aménagement du temps de travail).* • *durée minimale : 24 heures par semaine (ou 104 heures par mois), sauf dérogations.*
Statut des salariés	• ***principe*** *: égalité des droits entre les salariés à temps partiel et les salariés à temps plein.*

Mise en place du temps partiel

À L'INITIATIVE DE L'EMPLOYEUR		
Accord collectif ou information de l'inspection du travail (IT)	• *accord collectif de branche étendu ou d'entreprise ou d'établissement ;* • *en l'absence d'accord : après avis du comité d'entreprise(ou à défaut des délégués du personnel) transmis dans un délai de 15 j à l'IT ;* • *en l'absence de CE et DP : initiative de l'employeur.*	
Obligations de l'employeur	**Priorité**	*Les salariés à temps complet ont priorité pour l'attribution d'un emploi du temps partiel correspondant à leur catégorie professionnelle ou d'un emploi équivalent, et inversement.*
	Exceptions	*Par accord de branche étendu ou de convention collective*

À L'INITIATIVE DU SALARIÉ : TEMPS PARTIEL CHOISI		
Motifs	Pas de temps plein, raisons familiales, congés spécifiques (ex : congé parental d'éducation).	
Principe général	**Principe**	L'employeur ne peut imposer à un salarié à temps complet de passer au temps partiel.
	Cas particuliers	• *si la réduction du temps de travail a un motif économique : l'employeur peut procéder à un licenciement économique.* • *si la réduction du temps de travail n'a pas un motif économique : licenciement sans cause réelle et sérieuse.*
Mise en place	**Principe** : les conditions sont fixées par accord ou convention collectif.	
Droit du salarié	Imposer le temps partiel dans certains cas, ex : congé individuel de formation.	

Conclusion du contrat de travail à temps partiel

- Contrat de travail : écrit obligatoire
  - *Le contrat est à durée déterminée ou indéterminée.*
    À défaut d'écrit : présomption simple que le contrat a été conclu à temps complet.

→

LES CONTRATS DE TRAVAIL PRÉCAIRES (1re partie) 4.2

Durée du travail

Heures complémentaires	= heures effectuées au-delà de l'horaire mentionné au contrat et en deçà de la durée légale du travail.	
	Conditions	Limites contractuelles : le contrat doit fixer les limites dans lesquelles peuvent être effectuées les heures complémentaires.
		Limites légales, ex : le nombre d'heures complémentaires ne peut pas être supérieur au 1/10e de la durée hebdomadaire ou mensuelle prévue au contrat.
		Rémunération : les heures effectuées dans la limite légale (1/10e) donnent lieu à une majoration de salaire de 10 %.
	Refus du salarié	Le salarié peut refuser d'effectuer des heures complémentaires ; ex : si les heures à effectuer dépassent les limites contractuelles. NB : le refus n'est ni une faute ni un motif de licenciement.
Horaires de travail	Répartition des horaires	→ Horaires sont fixés par les parties (dans cadre hebdomadaire ou mensuel) ou par accord collectif (cadre annuel) ; la répartition peut varier sur l'année.

LES CONTRATS DE TRAVAIL PRÉCAIRES *(2e partie)*

Le travail à temps partagé et le portage salarial

Travail à temps partagé

- Cadre juridique :
  - *une entreprise de travail à temps partagé est toute personne physique ou morale dont l'activité exclusive consiste à mettre à disposition d'entreprises clientes du personnel qualifié qu'elles ne peuvent recruter elles-mêmes à raison de leur taille ou de leurs moyens.*
- Mise en place : deux contrats sont signés

Contrat de travail	= Contrat signé entre l'entreprise de travail à temps partagé et le salarié mis à disposition : • *est écrit, réputé à durée indéterminée et soumis au droit commun du licenciement ;* • *est à temps complet ou partiel ;* • *rémunération du salarié : ne peut être inférieure à celle d'un salarié de niveau de qualification identique ou équivalent occupant le même poste ou les mêmes fonctions dans l'entreprise cliente.*
Contrat de mise à disposition	= Contrat signé entre l'entreprise de travail à temps partagé et l'entreprise cliente ; il y a un contrat pour chaque mise à disposition. Il précise notamment le contenu et durée de la mission.

Portage salarial

- Recours au portage salarial

Conditions	• *pour des tâches occasionnelles ou ponctuelles, ne relevant pas de l'activité normale et permanente de l'entreprise cliente ou nécessitant une expertise dont elle ne dispose pas en interne.* • *durée maximale de la prestation : 3 ans.*
Interdictions	Pour remplacer un salarié dont le contrat de travail est suspendu en cas de grève ou pour effectuer des travaux particulièrement dangereux.

- Nature des 2 contrats conclus

Contrat de travail : *conclu entre l'entreprise de portage salarial et le salarié porté*	CDI	• *est écrit.*
	CDD	• *est écrit ; a un terme précis ou imprécis. Est remis au salarié porté au plus tard dans les 2 jours ouvrables avant sa conclusion.* • *est conclu pour la réalisation d'une seule prestation dans une entreprise cliente.* • *durée totale maximale : 18 mois renouvellement inclus, en principe*
Contrat commercial de prestation de portage salarial	Règles applicables	• *est écrit.* • *est conclu entre l'entreprise de portage salarial et l'entreprise cliente du salarié porté au plus tard dans les 2 jours ouvrables suivant le début de la prestation.*

→

LES CONTRATS DE TRAVAIL PRÉCAIRES *(2e partie)*

▶ Statut du salarié porté

Autonomie	• *Le salarié est autonome pour l'organisation de la mission ; il doit justifier d'une expertise.* • *Il prospecte sa propre clientèle et négocie les contrats (le client paie l'E de portage salarial).*
Rémunération	L'entreprise de portage salarial verse au salarié porté : • *une rémunération : voir ce qui est prévu par un accord de branche en principe (à défaut : cf. minimum = 75 % du plafond mensuel de la sécurité sociale) ;* • *une indemnité d'apport d'affaire de 5 % de la rémunération.*

Les contrats facilitant la formation et l'insertion professionnelles

Exemples : le contrat d'apprentissage, le contrat de professionnalisation.

Le contrat d'apprentissage

▶ Caractéristiques essentielles

- *Contrat par lequel un* ***employeur*** *s'engage, outre le versement d'un salaire, à assurer à un jeune travailleur une formation professionnelle, dispensée pour partie en entreprise et pour partie au* ***Centre de Formation des Apprentis*** *(CFA). L'apprenti s'engage à travailler pour l'employeur pendant la durée du contrat et à suivre la formation dispensée en CFA et en entreprise.*
- ***Champ d'application :*** *l'apprenti a 16 ans au moins et 30 ans au plus en principe au début de l'apprentissage ; l'employeur est toute entreprise du secteur privé ou du secteur public.*

▶ Régime juridique du contrat

- ***Forme du contrat :*** *écrit et enregistré à la Chambre des métiers, à la Chambre de commerce et d'industrie ou à la chambre d'agriculture. À défaut de respect de ces règles : nullité du contrat.*
- ***Durée :*** *est un CDD (durée entre 1 et 3 ans, qui peut être réduite ou prolongée) ou un CDI (période d'apprentissage puis contrat de travail).*

▶ Statut de l'apprenti

A les mêmes droits que les autres salariés *(ex : hygiène et sécurité).*	
Durée du travail	Durée légale du travail ; le temps de formation est compris dans l'horaire de travail.
Rémunération	Le salaire minimum de l'apprenti est déterminé en pourcentage du Smic, en fonction de son âge et de sa progression dans le cycle de formation.

▶ Rupture du contrat

Durant les 45 premiers jours de l'apprentissage	Rupture par l'une ou l'autre partie sans indemnité.
Au-delà des 45 premiers jours de l'apprentissage	Rupture pendant la période d'apprentissage s'il s'agit d'un CDI ou pendant sa durée s'il s'agit d'un CDD : par accord écrit entre les parties ou, à défaut, par le conseil de prud'hommes.
En cas d'obtention du diplôme préparé	Rupture avant le terme fixé à condition d'avoir informé l'employeur.

Le contrat de professionnalisation

Objet Contenu	• *favoriser l'insertion ou la réinsertion professionnelle ou le maintien dans l'emploi des jeunes ou des demandeurs d'emploi.* **Principe** : *gratuité du contrat de professionnalisation ;* • *associe des enseignements généraux, professionnels… et l'acquisition de savoir-faire en entreprise.*
Bénéficiaires Exemples	• *salariés de 16 ans à moins de 26 ans pour compléter leur formation initiale ;* • *demandeurs d'emploi de 26 ans et plus inscrits au Pôle emploi pour favoriser un retour à l'emploi.*
Conclusion et durée	• *écrit ; ne contient pas de clause de dédit-formation ;* • *est déposé à la DIRECCTE et à l'OPCA (pour la prise en charge des dépenses de formation).*
	• *est un* ***CDD*** *(6 à 12 mois, renouvelable une fois) ou un* ***CDI*** *(qui débute par la période ou l'action de professionnalisation).*
Tutorat	L'employeur doit désigner un salarié qualifié de l'entreprise comme tuteur, qui contribue à l'acquisition des savoir-faire professionnels.
Rémunération	Dépend de l'âge de l'apprenti : • *si moins de 26 ans : 55 % du SMIC pour les moins de 21 ans et 70 % du SMIC pour ceux qui ont plus de 21 ans ;* • *pour travailleurs de plus de 26 ans : rémunération ne peut être inférieure au SMIC et à 85 % de la rémunération minimale prévue par la convention collective dont dépend l'entreprise.*

→

L'ÉVOLUTION DU CONTRAT DE TRAVAIL

3 types d'événements peuvent être à l'origine
de l'évolution d'un contrat de travail
→ ***suspension*** *du contrat de travail*
→ ***modification de la situation juridique de l'employeur***
→ ***modification*** *du contrat de travail*

La suspension du contrat de travail

- Définition
  - *situation dans laquelle le salarié cesse temporairement d'exécuter ses obligations contractuelles soit de son propre fait, soit du fait de l'employeur, soit pour une cause étrangère aux parties sans rupture du contrat.*

Maladie du salarié et accident non-professionnel

- Causes de suspension
  - *si elles sont justifiées en temps utile par le salarié, elles entraînent la suspension du contrat.*

- Obligations du salarié

Avertir l'employeur et justifier l'absence	Avertir pour l'absence ou sa prolongation et justifier avec un certificat médical d'arrêt de travail dans les meilleurs délais (loi : 48 h).
Se soumettre aux contre-visites médicales	• *contre-visite patronale : si le salarié refuse ou est absent (en dehors des heures autorisées), il perd l'indemnisation complémentaire, sauf motif légitime ;* • *une contre-visite peut être demandée par ailleurs par la Sécurité sociale.*
Obligation de loyauté	Le salarié ne doit pas travailler pour un autre employeur.

- Droits du salarié

Rémunération	• *pas de salaire en principe ;* ***indemnité journalière de la Sécurité sociale*** *à partir du 4e jour (= 50 % du gain journalier de base dans la limite du plafond égal à 1.8 fois le SMIC) ;* • ***indemnisation complémentaire versée par l'employeur :*** *obligatoire pour tout salarié qui a un an d'ancienneté dans l'entreprise et qui remplit certaines conditions ;* • ***indemnisation complémentaire conventionnelle :*** *cf. conventions collectives.*
Ancienneté	Ancienneté acquise est conservée ; durée de l'absence non prise en compte, sauf convention collective.
Congés payés	Durée de l'absence non prise en compte pour leur calcul, sauf convention collective.
Période d'essai	Est prolongée de la durée de l'arrêt de travail.
Reprise du travail	**Visite de reprise** (dans les 8 jours qui suivent la reprise du travail) obligatoire dans des cas précis (absence de 21 jours au moins ou absences répétées pour maladie).

- La maladie : cause de licenciement ?
  - **Principe** ; ***interdiction du licenciement*** *en raison de l'état de santé (pas de discrimination).*
  - **Cas de licenciement :**
    - *absence prolongée ou absences répétées, si elles perturbent l'entreprise et nécessitent le remplacement du salarié ;*
    - *inaptitude physique définitive : cf. ci-dessous : inaptitude du salarié et reclassement.*
  - **Inaptitude du salarié et reclassement ou licenciement**

SITUATION	CONSÉQUENCE(S)
Salarié déclaré inapte (après 2 visites médicales obligatoires)	Obligation de **reclassement** : l'employeur doit proposer (obligation de moyens) un autre emploi approprié à ses capacités.
Reclassement impossible du salarié ou si le salarié refuse propositions de reclassement	**Licenciement justifié pour inaptitude** (pas de préavis, ni indemnité de préavis).
Salarié ni reclassé, ni licencié (à l'issue d'un mois à compter de la 2e visite médicale)	Versement du **salaire.**
Employeur ne respecte pas l'obligation de reclassement	**Licenciement sans cause réelle et sérieuse** (avec indemnités de licenciement).

Maternité

- Congé de maternité

Durée du congé	16 semaines : 6 semaines avant date accouchement et 10 semaines après.
Interdiction absolue d'emploi	Pendant 8 semaines au total (dont 6 semaines après l'accouchement).
Rémunération de la salariée	Indemnités journalières versées par la Sécurité sociale égales au salaire journalier de base.
Effets sur le contrat de travail	• *durée prise en compte pour calcul de l'ancienneté et des congés payés ;* • *à l'issue du congé : la salariée retrouve son emploi ou un emploi similaire avec une rémunération équivalente.*

- Interdiction du licenciement

Principe	Interdiction de licencier la salariée pendant sa grossesse et jusqu'à la fin de la 4e semaine qui suit le congé de maternité.
Exceptions	Licenciement possible dans 2 cas : faute grave non liée à l'état de grossesse, impossibilité de maintenir le contrat de travail pour un motif étranger à l'état de grossesse.
Sanction	Nullité du licenciement ; le salarié peut demander sa réintégration.

→

Accident du travail et maladie professionnelle

Principe :
- *suspension du contrat pendant la durée de l'arrêt de travail et de la rééducation.*

Exceptions à l'interdiction de licencier :
- *si faute grave, impossibilité de maintenir le contrat de travail pour un motif étranger à la maladie ou à l'accident.*

Rémunération du salarié pendant la suspension
- ***Indemnités journalières :*** *versées par la Sécurité sociale (sans délai de carence) : 60 % du salaire journalier de base pendant les 28 premiers jours et 80 % à partir du 29e jour.*
- ***Indemnisation complémentaire légale :*** *versée par l'employeur à partir du 1er jour.*
- ***Indemnisation complémentaire conventionnelle :*** *cf. conventions collectives.*

Reprise du travail à l'issue de la suspension dans 2 cas :
- *soit le salarié est déclaré apte par le médecin du travail : il retrouve son emploi ou un emploi similaire avec rémunération équivalente ; soit le salarié est déclaré inapte : cf. cas de la maladie.*

La modification de la situation juridique de l'employeur

Principe

Loi (code du travail)	Cas de modification, ex : vente, fusion, succession, transformation du fonds : tous les **contrats de travail en cours au jour de la modification subsistent** entre le nouvel employeur et le personnel de l'entreprise.
La Cour de cassation exige 2 conditions	**Transfert d'une entité économique autonome** (ensemble organisé de personnes et d'éléments corporels ou incorporels permettant l'exercice d'une activité économique poursuivant un objectif propre) **ET maintien de cette entité après le transfert.**

Effets de l'application de la loi

Aspects individuels
- ***transfert automatique de tous les contrats de travail en cours au nouvel employeur*** *(tous les éléments des contrats sont transférés : qualification, salaire, ancienneté...) ;*
- ***possibilités de licenciement.***

À l'occasion du transfert	→ L'employeur ne peut licencier. Le salarié licencié peut demander la poursuite du contrat rompu au repreneur ou la réparation du préjudice à l'auteur du licenciement.
La Cour de cassation exige 2 conditions	→ Licenciement pour motif économique.

Aspects collectifs

Principe :
- ***les accords collectifs et les conventions collectives ne sont pas transférés avec les contrats de travail.***

La modification du contrat de travail

Définitions

MODIFICATION DU CONTRAT DE TRAVAIL	MODIFICATION DES CONDITIONS DE TRAVAIL
= porte sur un élément essentiel du contrat sans lequel les parties n'auraient pas contracté. L'accord du salarié est obligatoire ; s'il refuse, l'employeur maintient les conditions antérieures ou licencie.	**= ne porte pas sur des éléments essentiels du contrat** Le salarié doit exécuter les ordres de l'employeur (pouvoir de direction). Si le salarié n'exécute pas les ordres : il commet une faute (sérieuse ou grave).

Modification du contrat

Éléments modifiables avec l'accord du salarié

ÉLÉMENTS CONTRACTUALISÉS	
Sont modifiables par des clauses convenues entre les parties.	
ÉLÉMENTS CONTRACTUELS PAR NATURE	
Rémunération	Pas de temps plein, raisons familiales, congés spécifiques (ex : congé parental d'éducation).
Qualification	Modification du niveau hiérarchique où est placé le salarié.
Lieu de travail : 3 situations possibles	• *pas de clause de mobilité dans le contrat et pas de clause expresse relative au lieu de travail → modification du contrat si changement du lieu dans un secteur géographique différent ;* • *pas de clause de mobilité dans le contrat et il y a une mention claire et précise du lieu de travail → modification du contrat ;* • *il y a une clause de mobilité dans le contrat → le salarié doit la respecter : il n'y a pas de modification du contrat.*
Durée du travail	= Élément nouveau qui nécessite l'accord du salarié pour être modifié.
Horaires de travail	**Principe** : l'horaire peut être modifié par l'employeur (pouvoir de direction) sans l'accord du salarié.

Mise en œuvre de la modification du contrat de travail

CAS	RÈGLES APPLICABLES
Principe : l'employeur demande l'accord du salarié	→ 2 réponses possibles pour le salarié : soit accepte (→ modification du contrat), soit refuse (l'employeur reprend contrat initial OU peut licencier le salarié [pour cause réelle et sérieuse]).
Si motif économique	→ Il y a modification pour motif non inhérent à la personne du salarié → procédure légale de licenciement.
Si motif personnel disciplinaire	→ Cette modification ne peut être imposée au salarié.
Si motif personnel non disciplinaire	→ Pas de procédure légale à respecter ; l'employeur doit informer le salarié préalablement. En cas de refus du salarié : l'employeur renonce à la modification ou licencie pour motif personnel (procédure à appliquer).

→

LES CONDITIONS DE TRAVAIL : LE TEMPS DE TRAVAIL

Durée du travail

Durées légales

- **Durée hebdomadaire :** la durée légale du travail effectif (temps pendant lequel le salarié est à la disposition de l'employeur) est de 35 heures ; au-delà de cette durée : heures supplémentaires. En principe : durée maximale légale = 48 heure[s]
- **Amplitude journalière maximale :** c'est le nombre d'heures comprises entre le début et la fin de la journée de travail. Pour tout salarié : **le repos quotidien** a une durée minimale de 11 h consécutives et l'amplitude de la journée de travail ne peut dépasser 13 heures.
- **Durée maximale de travail effectif** : 10 heures par jour.

Heures supplémentaires (HS)

- **Principe :** ce sont les heures de travail effectuées **au-delà de la durée légale hebdomadaire de travail** ou **de la durée considérée comme équivalente quell[e] que soit la durée conventionnelle du travail.** Elles donnent lieu à une **majorat[ion] de rémunération** ; elles peuvent avoir une **contrepartie obligatoire en repos.**
- **Contingent annuel d'HS :** c'est le nombre d'HS annuelles par salarié et c'est le seuil à partir duquel est déclenchée la contrepartie obligatoire en repos.

> → **Fixation :** par convention ou accord collectif d'entreprise ou d'établissement en principe (à défaut d'accord, le contingent est de 220 h par an et par salarié). Les salariés soumis au forfait annuel en jours ou en heures et les cadres dirigeants sont exclus de ce contingent d'heures.

- **Rémunération des heures supplémentaires :**
  - ***Majorations de salaire*** *(base de calcul = salaire horaire effectif (avec primes) payé au salarié) :*
    - ***taux conventionnel :*** *est fixé par convention collective de branche étendu ou accord d'entreprise. Ne peut être inférieur à 10 % ;*
    - ***taux légal :*** *s'applique en l'absence d'accord ou de convention collective. De la 36e à la 43e h : majoration de salaire de 25 % ; de la 44e à la 48e h : majoration de salaire de 50 %.*
  - ***Repos compensateur de remplacement :*** *il remplace en tout ou partie le paiement des HS et est mis en place par accord d'entreprise en principe*
  - ***Contrepartie obligatoire en repos :*** *les HS effectuées au-delà du continge[nt] annuel d'heures supplémentaires donnent droit à une contrepartie obligatoire en repos. Chaque heure effectuée donne lieu à une contreparti[e] en repos : 30 mn de repos pour 1 HS pour les entreprises de 20 salariés au plus et 1 h de repos pour 1 HS pour les entreprises de plus de 20 salariés.*
  - ***Convention de forfait***

Convention de forfait **de droit commun**	Est possible pour **tout salarié** : c'est **une convention individuelle** de forfait en heures sur la semaine ou le mois ; elle est écrite et requiert l'accord du salarié.
Convention de forfait **annuel en heures**	**Peuvent** en bénéficier : les cadres non soumis à un horaire collectif et les salariés non-cadres ayant une réelle autonomie dans l'organisation de leur emploi du temps. Il faut un accord écrit du salarié.
Convention de forfait **annuel en jours**	**Peuvent** en bénéficier : les cadres non soumis à un horaire collectif ayant une réelle autonomie dans l'organisation de leur emploi du temps, et les salariés non-cadres dont la durée du travail ne peut être prédéterminée et qui ont une réelle autonomie dans l'organisation de leur emploi du temps. Il faut un accord écrit du salarié.

Organisation du temps de travail

Détermination des horaires de travail

- **Horaire collectif :** est uniforme pour tout ou partie des salariés et décidé unilatéralement par **l'employeur qui fait une répartition sur les jours de la semaine.** Il est **affiché** dans l'entreprise et communiqué à l'inspection du travail (IT).
- **Horaires individualisés :** la journée de travail comprend **des plages fixes** (pour l'ensemble du personnel) et **des plages variables** (où les salariés choisissent leur horaire).

Aménagement du temps de travail

- C'est **l'aménagement conventionnel du temps de travail** par un accord collectif d'entreprise ou, à défaut, un accord de branche.

Travail de nuit

- Loi : c'est le travail réalisé entre 21 h et 6 h ; il a **un caractère exceptionnel** (durée maximale : 8 h en principe) et est mis en place notamment par un accord d'entreprise ; à défaut d'accord : il faut l'autorisation de l'IT. Le passage du travail de nuit au travail de jour (et inversement) est **une modification du contrat de travail** que le salarié peut refuser.

Compte épargne temps

- Permet au salarié d'accumuler des droits à congés rémunérés ou de bénéficier d'une rémunération immédiate ou différée, en contrepartie de périodes de congé ou de repos non prises.
- Est mis en place notamment par accord collectif d'entreprise et est alimenté en temps ou en argent et est utilisé par le salarié selon les modalités de l'accord collectif.

Repos et congés

Repos et jours fériés

- **Repos quotidien : <u>principe</u> :** repos quotidien d'une durée minimale de 11 heures consécutives ; dérogations notamment par accord d'entreprise.
- **Repos hebdomadaire, <u>principe</u> :** durée minimale de 24 h consécutives + 11 h de repos quotidien = 35 h ; le repos dominical est en principe accordé le dimanche.

Congés payés annuels

- **Caractéristiques :** c'est une période de suspension du contrat de travail avec obligation pour l'employeur de permettre au salarié de prendre ses congés et de le payer.
- **Organisation de la période de congés :**
  - ***durée :*** *2.5 jours ouvrables par mois de travail effectif, soit 5 semaines. Le nombre de jours de congé se calcule sur une période de référence (du 1er juin de l'année précédente au 31 mai de l'année en cours). La 5e semaine ne peut pas être accolée au congé principal ;*
  - ***période :*** *elle comprend obligatoirement la période du 1er mai au 31 octobre =* **période légale des congés payés** *(au moins 12 jours ouvrables de congé doivent être accordés au salarié durant cette période ; le reste est accordé en une ou plusieurs fois en dehors de cette période).*
- **Rémunération :** soit maintien du salaire, soit le salarié reçoit 1/10e de la rémunération totale perçue durant la période de référence.

→

LES CONDITIONS DE TRAVAIL : LA RÉMUNÉRATION

Fixation du salaire

Définitions et composantes

- **Définition légale :** rémunération = salaire ou traitement ordinaire de base ou minimum et tous les autres avantages et accessoires payés, directement ou indirectement, en espèces ou en nature, par l'employeur au travailleur en raison de l'emploi de ce dernier.
- **Composantes du salaire**

SALAIRE PROPREMENT DIT

- *Fixe ou variable.*
- *Payé en espèces ou en nature.*
- *Horaire ou mensuel. Avec la mensualisation : le salaire est calculé sur la base d'un forfait mensuel, indépendant des heures réellement travaillées*

ACCESSOIRES

Primes et gratifications	Primes = élément du salaire ; leur paiement est obligatoire si elles sont prévues par une convention collective, le contrat de travail ou un usage d'entreprise.
Avantages en nature	= Prestations fournies par l'employeur à certaines catégories de personnel : voiture, nourriture, logement ; prévues dans le contrat de travail, la convention ou accord collectif ou les usages ; ont la nature de salaire.
Pourboire	= Rémunération pratiquée dans les professions où le salarié est en contact direct avec la clientèle (spectacle, restauration...) ; a la nature de salaire.

→ ***à noter* : n'ont pas la nature de salaire :** l'intéressement et la participation et les frais professionnels.

Liberté contractuelles et contraintes légales

- **Modalités de fixation du salaire :**
  - *fixation par le contrat de travail lors de la conclusion du contrat ; le salaire peut être individualisé ;*
  - *fixation par la négociation collective : il y a négociation entre les partenaires sociaux (convention collective ou accord collectif d'entreprise ou d'établissement) ;*
  - *fixation par une négociation annuelle au niveau de l'entreprise : elle peut porter sur les salaires effectifs (= les salaires bruts par catégorie professionnelle, avantages et primes inclus).*
- **Limites à la libre fixation du salaire :** pas de salaire inférieur au SMIC (Salaire Minimum Interprofessionnel de Croissance), respect des minima conventionnels, interdiction d'indexer les salaires sur le SMIC ou sur un indice général des prix, pas de discriminations, respect de l'égalité de traitement (entre hommes et femmes...). Dans les entreprises d'au moins 50 salariés : l'employeur publie les écarts de rémunéra entre les hommes et les femmes, ainsi que les actions mises en œuvre pour les supprim

Garanties de paiement du salaire

Modalité de paiement

- **Mode de paiement :** au-delà de 1 500 euros : paiement par chèque barré ou virement.
- **Périodicité :** pour les salariés mensualisés : au moins 1 fois/mois ; pour les autres : au moins 2 fois/mois.
- **Bulletin de paie,** qui contient des mentions obligatoires (emploi, rémunération...). L'employeur a le choix entre un bulletin détaillé ou simplifié (avec regroupement des cotisations de Sécurité sociale), et de le présenter au salarié sous forme électronique. Un double du bulletin doit être conservé pendant 5 ans par l'employeur et l'original du bulletin doit être conservé de manière illimitée par le salarié.

- **Prescription de l'action en paiement du salaire et des compléments :**
  5 ans à compter du jour où le salaire est devenu exigible.

Protection du salaire

- **Protection contre l'EMPLOYEUR :**
  si l'employeur a des dettes envers le salarié, ce dernier doit agir dans les 3 ans pour en obtenir le remboursement.
- **Protection contre les CRÉANCIERS DE L'EMPLOYEUR :**
  - ***Priorité de paiement des créances salariales :***
    - ***privilège général des salaires :*** *sur meubles et immeubles de l'employeur ; il garantit pour les 6 derniers mois, notamment pour les salaires, indemnités de congés payés, de préavis et de licenciement ;*
    - ***super privilège des salaires :*** *sur meubles et immeubles de l'employeur ; il garantit notamment, pour les 60 derniers jours de travail (90 jours pour les VRP) ou d'apprentissage, les rémunérations dues avant l'ouverture d'une procédure collective (sauvegarde, redressement ou liquidation judiciaire).*
  - *Assurance des créances des salariés (AGS) : tout employeur doit* ***assurer ses salariés pour garantir le paiement de leurs créances en cas de procédure collective de l'employeur.***
- **Protection contre les CRÉANCIERS DU SALARIÉ en cas de saisie et cession du salaire :**
  - *Conditions : un salarié a des dettes envers un créancier ; ce dernier peut se faire payer directement par l'employeur sur une partie de la rémunération du salarié.*

    Deux modalités :
    - *saisie sur salaire : effectuée sans consentement du salarié ;*
    - *cession du salaire, qui suppose l'accord du salarié (cf. les quotités saisissables).*
  - *Procédure : le créancier doit avoir un titre exécutoire (par un jugement du tribunal d'instance) qui constate une créance certaine, liquide et exigible. La loi fixe la quotité saisissable ou cessible.*

LES CONDITIONS DE TRAVAIL : LA FORMATION PROFESSIONNELLE

Notion de formation professionnelle

Objet de la formation

- C'est une obligation nationale qui a pour but de permettre à chaque personn[e] (salarié...) d'acquérir et d'actualiser des compétences et des connaissances pour favoriser son évolution professionnelle, son maintien dans l'emploi et de progresser en terme de qualification au cours de sa carrière.

Actions de formation

- Exemples : préformation et préparation à la vie professionnelle, adaptation et développement des compétences, conversion.

Formation des salariés

Accès des salariés à la formation

- Sur décision de l'employeur dans le cadre du plan de formation de l'entreprise ou à l'initiative des salariés dans le cadre d'un congé de formation ou de leur compte personnel de formation.
- Cadre juridique : sur le plan national : accords collectifs ; dans les entreprises : négociation avec les délégués syndicaux.

Plan de développement des compétences

Élaboration

- ***Obligations de l'employeur :*** *assurer l'adaptation de ses salariés à leur poste de travail, veiller au maintien de leur capacité à occuper leur emploi et, le cas échéant, les former à la sécurité. Le plan est élaboré annuellemen[t]*
- ***Contenu du plan :***
  - *adaptation au poste de travail ou maintien dans l'emploi. Ces actions font partie du temps de travail effectif ;*
  - *développement des compétences : pendant le temps de travail ; possibilité de prévoir par écrit que tout ou partie de la formation en dehors du temps de travail effectif dans certaines conditions ;*

  → rémunération du salarié lors de la formation : pendant le temps de travail : maintien de la rémunération ; hors du temps de travail : allocation de formation (pourcentage du salaire) ;

  - *bilan de compétences : permet au salarié d'analyser ses compétences professionnelles et personnelles, ses aptitudes et ses motivations dans le but de définir un projet professionnel, un projet de formation.*

  → pendant ce stage : maintien de la rémunération ;

  - *validation des acquis de l'expérience (VAE) en vue de l'obtention d'un diplôme. Pendant ce stage : maintien de la rémunération.*

Mise en œuvre

- ***Bénéficiaires :*** *tous les salariés de l'entreprise.* ***Principe :*** *l'employeur choisit ceux qui iront en formation. Le salarié ne peut refuser un stage sans motif valable.*
- ***Modalités :*** *bilan de compétences et VAE (recours à des prestataires extérieurs), autres formations (organisation par l'entreprise ou recours à un organisme externe).*
- ***Situation du salarié :*** *pendant la formation : lien de subordination vis-à-vis de l'employeur et rémunération variable selon la formation suivie ; à l'issue de la formation : l'employeur n'est pas tenu de prendre en compte la qualification ou les connaissances acquises par le salarié pour lui accorder une promotion ou de nouvelles fonctions, sauf s'il s'y est préalablement engagé.*

Compte personnel de formation (CPF)

- **Objet :** Il s'agit de permettre à tout salarié, tout au long de sa vie active : de suivre une **formation qualifiante** ou de faire **une validation des acquis de l'expérience (VAE),** par exemple. Le CPF a remplacé le droit individuel à la formation (DIF).

- **Fonctionnement :** Depuis le 1er janvier 2019, le CPF est alimenté en euros (15 € par heure) et non plus en heures ; il fait partie du compte personnel d'activité (CPA). Il est alimenté automatiquement à la fin de chaque année proportionnellement au temps de travail réalisé au cours de l'année par le salarié dans la limite d'un plafond (500 € par année de travail, dans la limite d'un plafond de 5 000 € : pour un salarié à temps plein ou à temps partiel). Des abondements sont possibles au-delà de ce plafond.

- **Utilisation des droits :** Elle relève de la seule initiative du salarié. À noter : les salariés pourront mobiliser jusqu'au 31 décembre 2020 les heures acquises au titre du DIF.

- **Prise en charge de la formation :** Les frais pédagogiques (= frais de formation) et les frais annexes (= frais de transport, repas, hébergement) peuvent être pris en charge par la Caisse des dépôts et consignations (CDC).

- **Rémunération du salarié pendant la formation:**
  - Si le salarié se forme pendant le temps de travail : sa rémunération est maintenue.
  - Si le salarié se forme sur son temps libre : pas de rémunération.

Reconversion ou promotion par alternance (ex-période de professionnalisation)

- **Objet :** Il s'agit de favoriser l'évolution professionnelle et le maintien dans l'emploi des salariés au travers d'un parcours de formation individualisé. Ce parcours alterne enseignements théoriques et activité professionnelle.

- **Bénéficiaires :** Tout salarié, notamment : en contrat de travail à durée indéterminée (CDI) ou bénéficiaire d'un contrat unique d'insertion (CUI) à durée indéterminée.

- **Demande :** Soit par l'employeur dans le cadre du plan de développement des compétences, soit par le salarié.

- **Durée :** Cf. le contrat de professionnalisation : fiche 5.1
  Cette formation peut se dérouler pendant ou en dehors du temps de travail (il faut l'accord écrit du salarié).

- **Rémunération du salarié pendant la formation :** Si le salarié se forme pendant le temps de travail : sa rémunération est maintenue.

Participation financière des employeurs

- Une contribution unique, collectée par un seul organisme, l'Organisme Paritaire Collecteur Agréé (OPCA) :
  - 0,55 % de la masse salariale pour les entreprises de moins de dix salariés ;
  - 1 % pour les entreprises de dix salariés et plus (ou 0,8 % pour les entreprises qui gèrent le CPF en interne).

→

LES POUVOIRS DE L'EMPLOYEUR

On distingue
→ ***pouvoir réglementaire***
→ ***pouvoir disciplinaire***

Le pouvoir réglementaire de l'employeur

L'élaboration de divers documents
→ ***le règlement intérieur (RI) : document essentiel***
→ ***les notes de service, circulaires, directives.***

Élaboration du règlement intérieur (RI)

Caractéristiques

- *Document écrit par lequel l'employeur fixe exclusivement des règles et des mesures prévues par la loi ; c'est* ***un acte unilatéral de l'employeur.***
- *Est* ***obligatoire dans toutes les entreprises ou organismes du secteur privé employant au moins 20 salariés****. Si l'entreprise se crée, il doit être établi dans les 3 mois de l'ouverture de celle-ci.*

Procédure d'élaboration et de contrôle

1
Rédaction unilatérale du RI par l'employeur ; la date d'entrée en vigueur y est inscrite

2
Information et consultation (pour avis) du comité social et économique (CSE) ★1

EN PARALLÈLE :

3a
Dépôt du RI au Prud'hommes ★2
et publicité sur les lieux de travail et dans locaux d'embauche ★2

3b
transmission à l'inspection du travail pour contrôle de la légalité ★1

★1 : à défaut de cette formalité, le RI est nul
★2 : à défaut : le RI est inopposable aux salariés

4
Au moins un mois après 4. : entrée en vigueur du RI

5
Le cas échéant : modification, adjonction, retrait

6
Après 5. et 6. : contrôle permanent par l'inspection du travail

Contenu du RI

Élaboration

- *Contenu OBLIGATOIRE :*
  - *mesures d'application de la réglementation en matière d'****hygiène*** *et* ***sécurité*** *;*
  - *règles générales et permanentes relatives à la* ***discipline****, dont la nature et l'échelle des sanctions : 1. avertissement, 2. blâme, 3. mise à pied disciplinaire, 4. mutation, 5. rétrogradation, 6. licenciement disciplinaire.* ***L'employeur ne peut infliger une sanction qui n'est pas inscrite dans le RI*** *;*
  - *règles relatives aux* ***droits de la défense des salariés*** *en cas de sanction ;*
  - *règles sur le* ***harcèlement moral et sexuel****.*

- *Contenu INTERDIT :*
  - *clauses contraires aux **lois** et **règlements**, aux **conventions et accords collectifs** ;*
  - *clauses restreignant les **droits des personnes** ou les libertés individuelles et collectives, sauf si elles sont justifiées par la nature de la tâche à accomplir et proportionnées au but recherché ;*
  - ***clauses discriminatoires**.*

Élaboration des notes de service, circulaires, directives

Caractéristiques : notes de service (adressées à une ou plusieurs personnes) et **circulaires** (pour plusieurs personnes) pour organiser les travaux à effectuer ; **directives** pour préciser les objectifs à atteindre.

Règles applicables à ces documents : s'ils fixent des règles générales et permanentes concernant les éléments légalement inscrits dans le RI : leur contenu est considéré comme une adjonction au RI.

Contrôle du RI

Contrôle administratif

→ ***L'employeur peut demander un rescrit auprès de l'inspection du travail pour s'assurer de la conformité du RI à la loi.***

→ ***Contrôle par l'inspection du travail** qui peut **à tout moment exiger le retrait ou la modification des dispositions contraires à la loi**, par une **décision motivée** notifiée à l'employeur et **communiquée pour information** aux membres du CSE.*

→ *Recours :*

- **contre la décision de l'inspection du travail** devant le directeur régional du travail et de l'emploi : recours **hiérarchique** dans le **délai de 2 mois** à compter de la notification de la décision par **l'employeur** → la **décision** du directeur régional est notifiée à l'employeur, communiquée au CSE ;
- **contre la décision du directeur régional**, 2 recours successifs :
  1. recours hiérarchique devant le ministre du travail (dans les 2 mois) ;
  2. **recours contentieux pour excès de pouvoir** devant le tribunal administratif (dans les 2 mois).

Contrôle judiciaire

PROCÉDURE	CONSEIL DE PRUD'HOMMES	ACCESSOIRES
Compétence	• *litige individuel.* • *appréciation de la régularité d'une sanction prise en application d'une clause du RI.* • *le CP peut écarter la clause litigieuse, annuler la sanction.*	Si l'inspection ne s'est pas prononcée sur ce point : annulation des clauses illégales du RI.
Saisine	Par un salarié.	Par toute personne qui justifie d'un intérêt (ex : CSE, syndicat).
Publicité	Copie du jugement aux parties, à l'inspection du travail et aux représentants du personnel.	Dépôt du jugement au greffe.

Le pouvoir disciplinaire de l'employeur

Exercice du pouvoir disciplinaire

Droit de contrôler de l'activité des salariés pendant le temps de travail ; obligations de l'employeur :

- *respecter les droits et les libertés des salariés (vie privée, dignité) : la surveillance doit être justifiée par la nature du travail à accomplir et être proportionnée au but recherché ;*
- *information individuelle des salariés avant la mise en œuvre des procédés de surveillance ;*
- *information préalable collective : le CSE est informé et consulté avant la mise en œuvre et la modification des traitements automatisés de gestion du personnel ;*
- *déclaration préalable à la CNIL des informations qui constituent un traitement automatisé ou non de données à caractère personnel qui permettent l'identification d'une personne.*

→

- **Étendue du pouvoir disciplinaire**
  - ***Fondement du pouvoir disciplinaire :*** *l'employeur peut prendre* ***des sanctions disciplinaires*** *à l'encontre de salariés qui commettent des agissements fautifs.*
  - *La faute est* ***commise dans le cadre du travail : faute professionnelle*** *(ex : erreur, négligence) ou* ***disciplinaire*** *(ex : refus d'obéir à un ordre du supérieur hiérarchique).*
  - *La faute commise est* ***légère*** *(ex : retard au travail),* ***sérieuse*** *(ex : incompétence),* ***grave*** *(comportement du salarié qui rend impossible le maintien du salarié dans l'entreprise) ou* ***lourde*** *(comportement du salarié qui vise à nuire à l'employeur ou à l'entreprise).*

Le prononcé de la sanction disciplinaire

- **Deux cas de la mise à pied :**

DIFFÉRENCES	MISE À PIED CONSERVATOIRE	MISE À PIED DISCIPLINAIRE
Caractéristiques	• *est* ***une mesure provisoire prise dans l'attente d'une sanction disciplinaire*** *; elle suspend immédiatement le contrat de travail ;* • *prononcée en cas de faute grave ou lourde ; possible pour faute sérieuse.*	Est une sanction disciplinaire.
Procédure à suivre	Est notifiée immédiatement (pas de procédure à suivre).	Est prononcée à l'issue de la procédure disciplinaire.
Effets	• *si l'employeur ne prononce pas de sanction disciplinaire ou si la mise à pied est suivie d'un licenciement pour faute sérieuse : le salarié est rémunéré pendant la mise à pied ;* • *si elle est suivie d'un licenciement pour faute grave ou lourde : le salarié n'est pas rémunéré pendant la mise à pied.*	N'est jamais rémunérée.

- **Sanctions interdites,** notamment : **amendes** et autres **sanctions pécuniaires, sanctions discriminatoires.**

Procédure légale à suivre par l'employeur pour sanctionner un salarié

CARACTÉRISTIQUES	PROCÉDURE LÉGALE **SIMPLIFIÉE**	PROCÉDURE LÉGALE **NORMALE**	PROCÉDURE LÉGALE EN CAS DE LICENCIEMENT **DISCIPLINAIRE**
Principes	S'applique aux **sanctions mineures** (= sans incidence sur la présence du salarié dans l'entreprise, ses fonction, carrière et rémunération) *Ex : avertissement écrit.*	S'applique aux **sanctions ayant une incidence, immédiate ou non, sur la présence du salarié dans l'entreprise, carrière et rémunération** *(donc hors licenciement)*	S'applique quand la sanction est le licenciement disciplinaire.

(suite du tableau)

CARACTÉRISTIQUES	PROCÉDURE LÉGALE **SIMPLIFIÉE**	PROCÉDURE LÉGALE **NORMALE**	PROCÉDURE LÉGALE EN CAS DE LICENCIEMENT **DISCIPLINAIRE**
Étapes de la procédure	Notification écrite par l'employeur : griefs retenus et sanction infligée au salarié.	3 étapes à suivre : **1.** *convocation à un entretien préalable ;* **2.** *entretien préalable : doit avoir lieu dans un délai suffisant pour que le salarié prépare sa défense. L'employeur précise : le motif de la sanction envisagée et reçoit les explications du salarié ;* **3.** *la sanction ne peut intervenir moins de 2 jours ouvrables, ni plus d'un mois après le jour fixé pour l'entretien ; elle est écrite, motivée et notifiée au salarié.*	Cf. les 3 étapes de la procédure normale ; ET DE PLUS : • *lors de l'entretien : le salarié peut se faire assister par un conseiller salarié ;* • *délai mini entre convocation et entretien : 5 jours ouvrables ;* • *notification du licenciement : 2 jours ouvrables mini après entretien.*

Intervention du conseil de prud'hommes (CP) en matière de sanction disciplinaire

Étendue du pouvoir disciplinaire

- ***Compétence du CP, juridiction du 1er degré :*** *en fonction de la demande du salarié, le CP peut contrôler la* ***régularité de la procédure*** *suivie,* ***l'existence d'une faute, la régularité de la sanction.***
- ***Effets du jugement du CP :*** *annulation d'une sanction OU octroi de dommages-intérêts au salarié. En principe, le jugement du CP* ***ne peut pas*** *modifier la sanction.*

LA PROTECTION DE LA SANTÉ DES TRAVAILLEURS

Protection sur les plans de l'hygiène, de la sécurité et des conditions de travail

La protection par l'employeur et le salarié

EMPLOYEUR	SALARIÉ	
Obligations	*Obligations*	*Droits*
1. obligation générale d'hygiène, de sécurité et de prévention des risques professionnels = ***obligation de résultat*** (1)	**1.** obligation de protéger sa sécurité et celles des autres personnes → ***sanction*** (6)	**1.** droit de retrait = ***faculté*** (8)
2. obligation d'information et de formation des salariés (2) → ***sanction si non-respect de*** (1), (2) ***:*** ***responsabilité pénale*** *de l'employeur* (3), *de l'entreprise* (4) ***ou responsabilité civile*** (5)	**2.** obligation d'alerte de l'employeur ou de son représentant (7)	**2.** droit d'alerte en cas de risque pour la santé publique ou l'environnement (9)

(1) Cette obligation s'impose dans toute entreprise qui emploie au moins un salarié. Pour évaluer les risques, l'employeur doit établir le **document unique d'évaluation des risques** et il doit prendre toutes les mesures nécessaires pour assurer la sécurité et protéger la santé des salariés.
À noter : l'employeur commet une **faute inexcusable** si un accident du travail ou une maladie professionnelle survient alors que l'employeur a conscience du danger encouru et qu'il n'a pas fait d'action de prévention.

(2) Obligation d'information (sur les risques pour la santé et la sécurité...) et de formation (à la sécurité...).

(3) Responsabilité pénale de l'employeur en cas d'accident du travail
- *Notion d'accident du travail : fait précis (date, origine) et soudain qui entraîne une lésion corporelle.*
  La lésion est imputable à l'activité professionnelle : l'accident est survenu par le fait ou à l'occasion du travail. Il suffit que le travailleur soit soumis à l'autorité ou à la surveillance de l'employeur.
  L'accident survenu sur le trajet entre le domicile et le lieu de travail bénéficie de la protection au même titre que les accidents du travail.
- *Condition : l'employeur a commis une faute personnelle (ex : pas de consignes précises).*
- *Cas de la délégation de pouvoirs : l'employeur est exonéré de sa responsabilté s'il prouve que la délégation est expresse et qu'elle a été faite à une personne compétente qui a l'autorité nécessaire pour l'exercer.*
- *Infractions qui peuvent être commises par l'employeur, par exemple : contravention pour inobservation des règles d'hygiène et de sécurité, délit de mise en danger de la vie d'autrui.*

(4) Le cas échéant, le tribunal peut aussi condamner l'entreprise, s'il s'agit d'une personne morale.

(5) Responsabilité civile : l'employeur engage sa responsabilité civile s'il a commis une faute inexcusable.

(6) Obligation de protéger sa sécurité et celles des autres personnes concernées du fait de ses actes ou de ses omissions au travail.

(7) Obligation d'alerte : le salarié signale immédiatement à l'employeur ou à son représentant ou à un membre du CSE qui déclenchera l'alerte pour toute situation de travail qui présente un danger grave et imminent pour sa vie ou pour sa santé.

(8) Droit de retrait : le salarié arrête son travail et, le cas échéant, quitte les lie[ux] pour se mettre en sécurité. Le salarié n'a pas le droit d'arrêter les machines. Pa[s de] sanction, ni retenue sur salaire.

(9) Droit d'alerte en cas de risque pour la santé publique ou l'environnement : le salarié peut alerter immédiatement l'employeur (qui informe le salarié de la suite qu'il réserve à l'alerte), s'adresser au CSE afin qu'un de ses membres déclenche l'alerte.

La protection par le CSE

Mise en place

Obligatoire	Dans tout établissement occupant **au moins 50 salariés** (effectif atteint pendant 12 mois consécutifs ou non au cours des 3 années précédentes).
À la demande de l'inspection du travail	Si cette mesure est nécessaire en raison de la nature des travaux à effectuer, de l'agencement ou de l'équipement des locaux.
Cas particuliers	*Notamment :* dans établissement < 50 salariés : les délégués du personnel sont investis des missions du CHSCT.

- **Composition : président** (employeur ou son représentant), **délégation du personnel, composée de représentants du personnel dont le nombre varie en fonction de l'effectif du personnel** (sont désignés : pour 4 ans, renouvelable ; obligations : formation, discrétion, secret professionnel), **médecin du travail et chef de service de sécurité**, qui ont voix consultative.

Principales missions :

MISSIONS	CONTENU
Générales	Contribuer à la **protection** de la **santé physique et mentale** et de la **sécurité** des salariés et à **l'amélioration des conditions de travail** et **veiller à l'observation des prescriptions** législatives et réglementaires en matière d'hygiène.
En matière de **risques et de conditions de travail**	*Exemples :* inspections dans les établissements, analyse des postes, enquêtes à la suite d'accidents du travail et de maladies professionnelles.
En matière de **prévention et d'amélioration des conditions de travail**	**Consultation obligatoire par l'employeur sur les décisions prises dans l'établissement concernant : l'hygiène, la sécurité et les conditions de travail**, par exemple : avant toute transformation importante des postes de travail découlant de la modification de l'outillage, d'un changement de produit ou de l'organisation du travail.
En cas de **danger grave et imminent**	**Alerte de l'employeur**, quand le CHSCT **constate l'existence d'un danger grave et imminent** → l'employeur doit alors faire immédiatement **une enquête** avec le membre du CHSCT et prendre les mesures nécessaires → en cas de **divergence** sur le danger ou la façon de le faire cesser : réunion d'urgence du CHSCT et avis à l'inspection du travail.

Moyens du CSE

Moyens matériels et informations	*Exemples :* **local, informations indispensables** à l'exercice de ses missions (ex : programme annuel de prévention et d'amélioration des conditions de travail).
Réunions Objet, origine	**À l'initiative de l'employeur** (au moins une fois / trimestre), suite à un **accident** ayant entraîné ou ayant pu entraîner des conséquences graves ou à la **demande motivée** d'au moins 2 membres représentant le personnel.
Crédit d'heures	Est fonction de l'effectif des salariés dans l'établissement : 2 à 20 heures selon l'effectif employé.
Expertise	Lorsqu'un risque grave est constaté ; les frais d'expertise sont à la charge de l'employeur.
Protection des membres	En cas de **licenciement** : avis du CSE et autorisation de l'inspecteur du travail.

→

Protection de la santé

Mise en place du service de santé au travail

Obligation de mettre en place un **service autonome**	→ si effectif suivi par le médecin est = ou > à 500 salariés
Obligation d'adhérer à un **service interentreprises**	→ si l'effectif est < à 500 salariés

- Statut du médecin du travail : est lié à l'entreprise ou au service interentreprises par un contrat de travail et est indépendant.

Mission

- Mission de protéger la santé des travailleurs : c'est une mission exclusivement préventive.

Surveillance du milieu de travail	→ mission de conseil auprès de l'employeur, des représentants du personnel, des salariés. *Exemples* : adaptation des postes, des techniques et des rythmes de travail à la physiologie humaine.
Surveillance médicale des salariés	• ***examens médicaux obligatoires,*** *ex : examen médical d'embauche, examen médical de reprise du travail pour vérifier l'aptitude à reprendre son poste.* • ***surveillance des salariés travaillant de nuit, des salariés ayant un statut particulier*** *(ex : handicapés, femmes enceintes) ou* ***soumis à certains risques.***

Respect des droits fondamentaux du salarié par l'employeur et les autres salariés

Contenu de la protection

- Droits fondés sur la **dignité** de la personne, qui concernent aussi la **liberté individuelle** et les **libertés collectives** (Exemples : respect de la vie privée, liberté de pensée, d'opinion et d'expression, liberté syndicale).

Protection contre le harcèlement

Le harcèlement est sanctionné par le code du travail

- **Harcèlement moral : aucun salarié** ne doit subir les **agissements répétés** de harcèlement moral qui ont **pour objet ou pour effet** une **dégradation de ses conditions de travail** susceptible de porter atteinte à ses droits et à sa dignité, d'altérer sa santé physique ou mentale ou de compromettre son avenir professionnel.

  → *L'employeur prend toutes dispositions nécessaires en vue de prévenir les agissements de harcèlement moral et tout salarié ayant procédé à des agissements de harcèlement moral est passible d'une sanction disciplinaire.*

- **Harcèlement sexuel : aucun salarié** ne doit subir des faits de harcèlement sexuel, constitué par des propos ou comportements à connotation sexuelle répétés qui soit portent atteinte à sa dignité en raison de leur caractère dégradant ou humiliant, soit créent à son encontre une situation intimidante, hostile ou offensante.

  → ***L'employeur** doit prendre toutes dispositions nécessaires en vue de prévenir les faits de harcèlement sexuel, d'y mettre un terme et de les sanctionner.*

  → *Dans toute entreprise d'au moins 250 salariés, est désigné un **référent** chargé d'orienter, d'informer et d'accompagner les salariés en matière de lutte contre le harcèlement sexuel et les agissements sexistes.*

  → *Tout salarié ayant procédé à des faits de harcèlement sexuel est passible d'une sanction disciplinaire.*

Procédure applicable dans le domaine du droit du travail

- **Action en justice** par un candidat à un emploi salarié, personne en stage, témoins, salarié :
  - ***soit** devant le **conseil de prud'hommes** : pour obtenir des dommages intérêts, faire sanctionner disciplinairement le ou les salariés auteurs des faits ;*
  - ***soit** devant le **tribunal correctionnel** (après dépôt d'une plainte) : pour obtenir des dommages-intérêts, faire condamner le ou les auteurs des faits à des peines ;*

  → ***la victime doit prouver** les faits qui font présumer l'existence d'un harcèlement ; **le défendeur doit prouver** que ces agissements ne sont pas constitutifs d'un harcèlement et que sa décision est justifiée par des éléments objectifs étrangers à tout harcèlement.*

→

Protection contre les discriminations

Les discriminations sont définies dans le code du travail

- **Principe de non-discrimination : aucune personne ne peut être écartée d'une procédure de recrutement ou de l'accès à un stage ou à une période de formation en entreprise**, aucun salarié ne peut être sanctionné, licencié ou faire l'objet d'une mesure discriminatoire, directe ou indirecte.

  La loi liste les situations de **discrimination directe** où une personne est traité de manière moins favorable qu'une autre ne l'est, ne l'a été ou ne l'aura été dans une situation comparable. Parmi les fondements de la discrimination, on peut citer par exemple l'origine, le sexe, la situation de famille, la particuli vulnérabilité résultant de sa situation économique. La loi précise qu'il y a **discrimination indirecte** lorsqu'une disposition, un critère ou une pratique neutre en apparence, est susceptible d'entraîner un désavantage particulier pour des personnes par rapport à d'autres personnes.

- **Exceptions :** pas de sanction ou de licenciement ou de mesure discriminatoir notamment pour : exercice normal du droit de grève, témoignage sur des fai de discrimination.

Procédure applicable dans le domaine du droit du travail

- **Action en justice** par un candidat à un emploi, salarié, personne en stage... témoins :
  - ***soit devant le conseil de prud'hommes*** *: pour obtenir de l'employeur l'annulation d'une décision,*

    ou des dommages-intérêts, ou bien faire sanctionner disciplinairement le ou les auteurs salariés des faits ;
  - ***soit devant le tribunal correctionnel*** *(après dépôt d'une plainte) : pour obtenir des dommages-intérêts, faire condamner le ou les auteurs des faits à des peines.*

  → ***La victime*** *doit prouver les faits qui font présumer l'existence de faits de discrimination ;* ***le défendeur doit prouver*** *que ces agissements ne sont pas constitutifs d'une discrimination.*

LA RUPTURE DU CONTRAT DE TRAVAIL À DURÉE INDÉTERMINÉE (CDI)

13

Causes de rupture du CDI

LICENCIEMENT pour MOTIF PERSONNEL

- Il faut une **cause réelle** (éléments précis et vérifiables) et sérieuse (la continuation du travail ne peut se poursuivre) ; il y a soit une faute du salarié, soit de faits liés à son activité professionnelle, inhérents à sa personne.
- Diversité des cas de licenciement : **faute du salarié** (licenciement disciplinaire) ; **motifs non fautifs** (le licenciement intervient dans l'intérêt de l'entreprise ex : insuffisance professionnelle).
- **Procédure légale**

1. Convocation à l'entretien	Principe	Convocation du salarié par l'employeur à un entretien préalable par une lettre recommandée(LR) ou remise en main propre.
	Contenu	*Notamment :* objet de l'entretien (licenciement envisagé) et information : le salarié peut se faire assister par un membre du personnel de l'entreprise ou par une personne extérieure à celle-ci (si défaut d'information : licenciement irrégulier).
	Délai	L'entretien a lieu au moins 5 jours ouvrables après la présentation de la convocation.
2. Entretien préalable	Salarié	Peut se défendre ; peut être assisté par un membre du personnel de l'entreprise ou par une personne extérieure à celle-ci.
	Employeur	Est présent ; peut se faire assister ou représenter par une personne de l'entreprise.
	Déroulement	L'employeur expose au salarié les motifs pour lesquels il envisage le licenciement et recueille ses explications.
3. Lettre de licenciement	Délai et forme	La lettre ne peut être expédiée moins de 2 jours ouvrables après la date de l'entretien par LR AR (à défaut : licenciement irrégulier).
	Contenu	Motifs précis. *À défaut :* licenciement sans cause réelle et sérieuse.

- **Sanctions**

CAS	MISSIONS
Licenciement **NUL** *(si mesures discriminatoires, harcèlement...)*	• ***Réintégration de droit*** *: le salarié peut la demander (avec indemnité correspondant aux salaires dus entre le licenciement et la réintégration).* • ***Indemnisation :*** *si le salarié ne demande pas sa réintégration : perçoit les indemnités de rupture (licenciement, préavis, congés payés) et indemnité réparant l'intégralité du préjudice subi (au moins égale à 6 mois de salaire).*
Licenciement **SANS CAUSE RÉELLE ET SÉRIEUSE**	• ***Si le salarié a au moins 2 ans d'ancienneté dans l'entreprise (E) si l'E a 11 salariés et plus*** *: le juge peut prononcer la réintégration du salarié avec maintien des avantages acquis. À défaut d'intégration, le salarié perçoit une indemnité au moins égale aux 6 derniers mois de salaire.* • ***Si le salarié a moins de 2 ans d'ancienneté OU si l'E a moins de 11 salariés*** *: le salarié perçoit une indemnité calculée en fonction du préjudice subi et les indemnités de rupture (licenciement...).*

(suite du tableau page suivante) →

LA RUPTURE DU CONTRAT DE TRAVAIL À DURÉE INDÉTERMINÉE (CDI)

CAS	MISSIONS
Licenciement **IRRÉGULIER** *(si la procédure n'a pas été respectée)*	• ***Si le salarié a au moins 2 ans d'ancienneté dans l'E ET si l'E a 11 salariés et plus*** *: le tribunal ordonne à l'employeur d'accomplir la procédure et de verser une indemnité non supérieure à un mois de salaire.* • ***Si le salarié a moins de 2 ans d'ancienneté OU si l'E a moins de 11 salariés*** *: le salarié perçoit une indemnité non supérieure à un mois de salaire.*
En cas de **danger grave et imminent**	• *responsabilité délictuelle de l'employeur → dommages-intérêts versés au salarié.*

LICENCIEMENT pour MOTIF ÉCONOMIQUE

Motif économique réel et sérieux

→ ***Conditions du licenciement*** *pour motif économique : absence de liens directs avec la personne du salarié (le motif concerne l'emploi), existence d'une cause économique (difficultés économiques de l'entreprise, réorganisation de l'entreprise...), conséquences sur l'emploi : suppression d'emploi effective* ***OU*** *transformation d'emploi* ***OU*** *modification du contrat.*

Mesures de prévention

- ***Obligation de reclassement préalable*** *pour adapter les salariés à leur poste de travail et obligation individuelle de reclassement.*
- ***Prévention des licenciements par la gestion prévisionnelle des emplois et des compétences (GPEC)*** *par négociation tous les 3 ans dans les entreprises et les groupes de 300 salariés et plus.*
- ***Plan de sauvegarde de l'emploi (PSE)*** *: obligation collective de reclassement pour les grandes entreprises : Cf. licenciement collectif.*
- ***Accords de maintien de l'emploi****.*

Procédures de licenciement

- ***Cadre : fixation de l'ordre des licenciements individuels ou collectifs*** *(ex de critères : charges de famille, ancienneté, difficulté de réinsertion)* ***et mesures d'accompagnement*** *(ex : contrat de sécurisation professionnelle).*
- *Procédures de licenciement* ***pour MOTIF ÉCONOMIQUE : licenciement individuel*** *(cf. supra.),* ***licenciement collectif*** *(les obligations et les formalités varient selon le nombre de salariés licenciés et selon qu'il y a ou non une représentation du personnel dans l'entreprise ; ainsi, quand la représentation existe, ses membres doivent être consultés. De plus, l'autorité administrative doit notamment être informée des licenciements).*

CAUSES DE RUPTURE AUTRES que le licenciement

À l'initiative du salarié

- ***Démission :*** *rupture unilatérale du contrat de travail à l'initiative du salarié :*
  - *obligations du salarié : volonté claire, non équivoque et sérieuse de quitter définitivement l'entreprise ; pas d'abus de droit ; respect d'un délai de préavis (à défaut : indemnité compensatrice de « brusque rupture) ;*
  - *droits du salarié : indemnité de congés payés, déblocage des droits à participation.*
- ***Prise d'acte de la rupture :*** *le salarié rompt le CDI (pas de préavis à respecter) en raison de faits graves qu'il reproche à son employeur ; soit les faits sont justifiés (il y a licenciement sans cause réelle et sérieuse), soit ils ne sont pas justifiés (il y a démission).*

- ***Résolution judiciaire du contrat :*** *demandée par le salarié, elle a les effets du licenciement sans cause réelle et sérieuse.*

À l'initiative du (ou des) salarié(s) ET de l'employeur :

- ***rupture conventionnelle d'un commun accord entre l'employeur et un salarié*** *en suivant 3 étapes : entretien préalable, signature d'une convention de rupture (avec délai de rétractation pour chaque partie : 15 jours calendaires) et homologation par la DIRECCTE. Le montant de l'indemnité versée au salarié n'est pas inférieur à celui de l'indemnité légale ou conventionnelle de licenciement ;*
- ***rupture conventionnelle collective dans le cadre d'un accord collectif****, qui détermine notamment les conditions que doivent remplir les salariés pour en bénéficier, les modalités et conditions d'information du CSE, s'il existe. L'accord est soumis à la DIRECCTE pour validation.*

À l'initiative du salarié OU de l'employeur

- ***Départ à la retraite :*** *à l'initiative du salarié (avec respect d'un préavis et demande de liquidation de la pension vieillesse).*
- ***Mise à la retraite :*** *à l'initiative de l'employeur (avec respect d'un préavis et versement d'une indemnité) si le salarié a atteint l'âge de 70 ans.*

Rupture de plein droit : **en cas de force majeure :** rupture de plein droit de tous les contrats de travail, sans préavis ni indemnités (sauf congés payés).

Conséquences de la rupture du CDI

Indemnisation du salarié : indemnité légale de licenciement (due, sauf faute grave ou lourde, dès qu'un salarié a au moins huit mois d'ancienneté ininterrompus au service du même employeur, et calculée en fonction de la durée de cette dernière) **+ l'indemnité de congés payés +,** le cas échéant, **l'indemnité compensatrice de préavis** et **l'indemnité de licenciement conventionnelle.**
Si le licenciement intervient pour une cause qui n'est pas réelle et sérieuse et si la réintégration du salarié est refusée par l'une ou l'autre des parties, le juge peut octroyer une indemnité au salarié dont le montant minimal et maximal est prévu par la loi.

Documents établis par l'employeur après la rupture : certificat de travail, attestation d'assurance chômage destinée au Pôle emploi, reçu pour solde de tout compte.

LA REPRÉSENTATION COLLECTIVE

Les syndicats de salariés

Les institutions représentatives élues

→

Protection légale des représentants du personnel

Protection en cas de délit d'entrave

Les syndicats de salariés

Cadre juridique

- **Objet légal :** les syndicats professionnels ont exclusivement pour objet l'étude et la défense des droits ainsi que des intérêts matériels et moraux, tant collectifs qu'individuels, des personnes visées par leurs statuts.
- **Reconnaissance du droit syndical et de liberté syndicale : tout salarié,** quels que soient son sexe, son âge, sa nationalité, **peut librement adhérer au syndicat professionnel de son choix.**

Liberté de constitution

- **Membres du syndicat :** les personnes qui, notamment, exercent la même profession, des métiers similaires (ex : boulangers/pâtissiers) ou des métiers connexes (maçons/peintres) ou la même profession libérale.
- **Formalités de constitution :** rédaction des statuts et dépôt à la mairie de la commune du siège.
- **Sanction des atteintes à la liberté de constitution :** délit d'entrave
- **Tout syndicat a la personnalité morale** (il peut négocier et conclure des contrats, rester en justice…).

Représentativité des syndicats

- **Critères de la représentativité**
  - ***7 critères légaux cumulatifs pour la représentativité des syndicats de salariés :*** *1° Le respect des valeurs républicaines ; 2° L'indépendance ; 3° La transparence financière ; 4° Une ancienneté minimale de deux ans dans le champ professionnel et géographique couvrant le niveau de négociation. Cette ancienneté s'apprécie à compter de la date de dépôt légal des statuts ; 5° L'audience [1] ; 6° L'influence, prioritairement caractérisée par l'activité et l'expérience ; 7° Les effectifs d'adhérents et les cotisations.*

    (1) 10 % au niveau de l'entreprise, de l'établissement et du groupe ; 8 % au niveau des branches, ainsi qu'au niveau national et interprofessionnel. Ces chiffres découlent du 1er tour des dernières élections des titulaires au CSE quel que soit le nombre de votants.
  - ***4 critères légaux pour la représentativité des organisations syndicales d'employeurs :*** *audience : au moins 8 % des entreprises adhérentes ; ancienneté minimale = 2 ans ; respect des valeurs républicaines ; indépendance et influence.*
- **Rôle des syndicats représentatifs**

NIVEAUX	PRÉROGATIVES
National	**Représentation des salariés**, notamment à la Commission nationale de la négociation collective et au conseil d'administration des caisses de sécurité sociale.
Entreprise	**Monopole** de la négociation des conventions et accords collectifs de travail, de la création d'une section syndicale, de la désignation des délégués syndicaux.

Action syndicale

- **Action du syndicat :** défense des intérêts collectifs de la profession et des intérêts individuels de leurs membres ou de personnes non syndiquées, **revendication** d'avantages nouveaux pour les salariés (cf. la négociation collective).
- **Action syndicale dans l'entreprise**

  - ***Section syndicale :*** *peut être créée par un syndicat qui au moins 2 salariés adhérents et qui, notamment, est représentatif dans l'entreprise (E) ou l'établissement (Et) et qui est affilié à une organisation syndicale représentative au niveau national et interprofessionnel.* ***Un représentant de la section syndicale*** *est désigné. Elle n'a* ***pas la personnalité morale.*** *Elle prolonge le rôle et l'activité du syndicat. Elle bénéficie de divers moyens (crédit d'heures, collecte des cotisations syndicales, communication (affichages, diffusion de tracts...) local et réunions syndicales).*

  - ***Délégués syndicaux (DS)*** *désignés (1 à 5 en fonction de l'effectif de l'E) par le syndicat représentatif. Ils sont choisis parmi les candidats aux dernières élections professionnelles. En cas de contestation de la désignation : compétence du* ***tribunal d'instance.***

Si E a **au moins** 50 salariés (pendant 12 mois consécutifs ou non au cours des 3 dernières années)	Chaque syndicat représentatif dans l'E ou l'Et peut désigner un DS. Cette désignation est subordonnée à l'existence d'une section syndicale.
Si E a **moins de** 50 salariés	Chaque syndicat représentatif dans l'E ou l'Et peut désigner un délégué du personnel élu sur la liste présentée par le syndicat comme **délégué syndical.**
Dans **Unité économique et sociale (UES) qui a au moins 50 salariés** (décompte possible pour chaque Et).	

  - ***Attributions et moyens d'action***

ATTRIBUTIONS	MOYENS D'ACTION
• *représentation du syndicat dans l'E* • *rôle de revendication* • *négociation des accords collectifs*	• ***crédit d'heures*** *(de délégation) : varie en fonction de l'effectif de l'E : ex : 12 h par mois : si 50 à 150 salariés.* • ***liberté de déplacement*** *dans et hors de l'E.*

Les institutions représentatives élues

Comité social et économique (CSE)

Champ d'application

- **Entreprises**
  - Employeurs de droit privé ainsi qu'à leurs salariés.
  - Etablissements publics à caractère industriel et commercial.
  - Etablissements publics à caractère administratif lorsqu'ils emploient du personnel dans les conditions du droit privé.
- **Seuils : un CSE doit être mis en place dans les entreprises d'au moins 11 salariés si cet effectif est atteint pendant 12 mois consécutifs.**

Attributions

1. Dans les entreprises d'au moins 11 salariés et de moins de 50 salariés

- **Présenter à l'employeur les réclamations individuelles ou collectives** relatives notamment aux salaires, à l'application du code du travail, des lois relatives à la protection sociale, ainsi qu'aux conventions et accords applicables dans l'entreprise.

→

- **Promouvoir la santé, la sécurité et les conditions de travail dans l'entreprise et réaliser des enquêtes en matière d'accidents du travail** ou de maladies professionnelles.
- **Saisir l'inspection du travail** de toutes les plaintes et observations relatives à l'application des dispositions légales dont elle doit assurer le contrôle.

2. Dans les entreprises d'au moins 50 salariés

Expression des salariés, information et consultation

- Assurer une ***expression collective des salariés*** pour la prise en compte permanente de leurs intérêts notamment dans les décisions relatives à la gestion et à l'évolution économique et financière de l'entreprise et à l'organisation du travail.
- ***Etre informé et consulté sur les questions intéressant l'organisation, la gestion et la marche générale de l'entreprise*** (mesures de nature à affecter le volume ou la structure des effectifs, la modification de son organisation économique ou juridique...)

À noter : le CSE mis en place dans les entreprises d'au moins 50 salariés exerce également les attributions prévues dans les entreprises employant de 11 à 49 salariés.

Dans le champ de la santé, de la sécurité et des conditions de travail

Notamment :

- Analyser les **risques professionnels** auxquels peuvent être exposés les travailleurs.
- Contribuer à faciliter l'**accès des femmes à tous les emplois.**
- Actions de **prévention du harcèlement** moral, du harcèlement sexuel.

Emettre des avis et des vœux dans l'exercice de ses attributions consultatives

Consultations et informations récurrentes

- **Le CSE est consulté sur** les orientations stratégiques de l'entreprise, la situation économique et financière de l'entreprise, la politique sociale de l'entreprise, les conditions de travail et l'emploi.

  → Utilisation d'une **base de données économiques et sociales** (cf. MEMO 17).
- **Cadre juridique**

  Un accord d'entreprise ou, en l'absence de délégué syndical, un **accord entre l'employeur et le CSE**, peut définir *notamment* le contenu, la périodicité et les modalités des consultations récurrentes du CSE.

  Un accord de groupe peut prévoir que la consultation sur les orientations stratégiques est effectuée au niveau du comité de groupe.

  En l'absence d'accord, le CSE est consulté **chaque année** sur les mêmes sujets.

Consultations et informations ponctuelles

- Exemples : lors de la mise en œuvre des moyens de contrôle de l'activité des salariés, de la restructuration et compression des effectifs, d'un licenciement collectif pour motif économique ou d'une procédure de sauvegarde, de redressement ou de liquidation judiciaire.
- Cadre juridique

  Un **accord d'entreprise** ou un **accord de groupe** peut définir le contenu et les modalités de ces consultations et informations ponctuelles.

- **Droits d'alerte**

  Notamment :

  - **Alerte en cas d'atteinte aux droits des personnes,** à leur santé physique et mentale ou aux libertés individuelles qui ne serait pas justifiée par la nature de la tâche à accomplir, ni proportionnée au but recherché : il y a **saisine immédiate de l'employeur**.

    L'employeur procède sans délai à une **enquête** avec le membre de la délégation du personnel du CSE et prend les dispositions nécessaires pour remédier à cette situation.

    → **En cas de carence de l'employeur ou de divergence sur la réalité de cette atteinte**, et à défaut de solution trouvée avec l'employeur, le salarié ou le membre de la délégation du personnel du CSE saisit le **bureau de jugement du conseil de prud'hommes** qui statue selon la forme des référés.

  - **Alerte en cas de danger grave et imminent** ainsi qu'en matière de santé publique et d'environnement.

  - **Droit d'alerte économique** : lorsque le CSE a connaissance de **faits de nature à affecter de manière préoccupante la situation économique de l'entreprise**, il peut **demander à l'employeur de lui fournir des explications**.

  - **Droit d'alerte sociale : lorsque le nombre des salariés titulaires d'un contrat de travail à durée déterminée et le nombre de salariés temporaires connaît un accroissement important** par rapport à la situation existant lors de la dernière réunion du CSE ayant abordé ce sujet.

    L'employeur doit indiquer les motifs l'ayant amené à recourir à ces contrats.

    → **Lorsque le CSE a connaissance de faits susceptibles de caractériser un recours abusif aux contrats de travail à durée déterminée, aux contrats conclus avec une entreprise de portage salarial et au travail temporaire, ou lorsqu'il constate un accroissement important du nombre de salariés titulaires de contrats de travail à durée déterminée et de contrats de mission,** il peut saisir l'agent de contrôle de l'inspection du travail.

- **Participation aux conseils d'administration ou de surveillance des sociétés**

  - Deux membres de la délégation du personnel du CSE et appartenant l'un à la catégorie des cadres techniciens et agents de maîtrise, l'autre à la catégorie des employés et ouvriers, **assistent avec voix consultative à toutes les séances du conseil d'administration (CA) ou du conseil de surveillance (CS).**

  - Le CSE **peut demander en justice la désignation d'un mandataire chargé de convoquer l'assemblée générale des actionnaires en cas d'urgence**. Il peut aussi requérir **l'inscription de projets de résolutions à l'ordre du jour des assemblées**. Deux membres du conseil peuvent assister aux assemblées générales.

- **Attributions et financement en matière d'activités sociales et culturelles**

  - **Attributions**

    - **Gérer toutes les activités sociales et culturelles**.
    - **Informer** les salariés sur la **politique de l'entreprise concernant les choix de mécénat et de soutien aux associations et aux fondations.**
    - **Gérer** les **activités physiques ou sportives**.

- **Financement : un accord d'entreprise fixe la contribution annuelle de l'employeur.**

→

Mise en place et suppression du CSE

Mise en place du CSE

- Mise en place du **CSE** et des **CSE d'établissement**

- Un ***CSE*** est mis en place au niveau de l'entreprise.
- Des ***CSE d'établissement*** et un ***CSE central d'entreprise*** sont constitués dans les entreprises d'au moins 50 salariés comportant au moins 2 établissements distincts.

→ Un **accord d'entreprise** détermine le nombre et le périmètre des établissements distincts.

En l'absence d'accord et en l'absence de délégué syndical, un accord entre l'employeur et le CSE peut déterminer le nombre et le périmètre des établissements distincts.

- Mise en place du **CSE au niveau de l'unité économique et sociale**

- Lorsqu'une **unité économique et sociale (UES) regroupant au moins onze salariés** est reconnue, un **CSE commun** est mis en place.
- Des **CSE d'établissement** et un **CSE central d'entreprise** ***sont constitués dans les UES comportant au moins deux établissements***.

→ Un **accord d'entreprise** conclu au niveau de l'UES détermine le nombre et le périmètre des établissements distincts.

- Mise en place du **CSE interentreprises**

Ce comité est mis en place par un **accord collectif interentreprises**.

Suppression du CSE

A l'expiration du mandat des membres de la délégation du personnel du CSE, l'instance n'est pas renouvelée si l'effectif de l'entreprise est resté en dessous de onze salariés pendant au moins douze mois consécutifs.

Composition, élections et mandat

Composition

L'**employeur** et une **délégation du personnel** comportant un nombre de membres déterminé compte tenu du nombre des salariés.

- Autres participants **avec voix consultative**, *notamment* le médecin du travail, le responsable interne du service de sécurité et des conditions de travail et l'agent de contrôle de l'inspection du travail.

Organisation des élections

- Seuil et information

Lorsque le seuil de 11 salariés a été franchi, l'employeur informe le **personnel tous les 4 ans** de l'organisation des élections. **Les organisations syndicales** (représentatives dans l'entreprise) sont informées de l'organisation des élections, invitées à négocier le protocole d'accord préélectoral et à établir les listes de leurs candidats aux fonctions de membre de la délégation du personnel.

→ Lorsque le CSE n'a pas été mis en place ou renouvelé, un **procès-verbal de carence est établi par l'employeur**.

- Collèges électoraux

Les membres de la délégation du personnel du CSE sont élus sur des **listes** établies par les organisations syndicales pour chaque catégorie de personnel : collège des ouvriers et employés et collège des ingénieurs, chefs de service, techniciens, agents de maîtrise et assimilés.

- Electorat et éligibilité

- **Sont électeurs** les salariés des deux sexes, âgés de seize ans révolus, travaillant depuis trois mois au moins dans l'entreprise.

- **Sont éligibles** les électeurs âgés de dix-huit ans révolus, et travaillant dans l'entreprise depuis un an au moins,

→ Le **scrutin** est de liste à deux tours avec représentation proportionnelle à la plus forte moyenne.

> NB : les contestations relatives aux élections sont de la compétence du tribunal d'instance.

- Durée et fin du mandat

Les membres (titulaires et suppléants) de la délégation du personnel du CSE sont **élus *en principe* pour 4 ans**.

Fonctionnement

Règles communes

- Obligations des membres
- **Secret professionnel** pour toutes les questions relatives aux procédés de fabrication.
- **Obligation de discrétion** pour les informations revêtant un caractère confidentiel.
- Heures de délégation

Le **nombre d'heures de délégation des représentants** est fonction des effectifs et du nombre de membres de la délégation : il n'est pas inférieur à 10 heures par mois dans les entreprises de moins de 50 salariés et à 16 heures dans les autres entreprises.

→ **Ces heures sont payées comme temps de travail effectif.**

- ***Déplacement et circulation*** : les membres du CSE peuvent :
- se déplacer hors de l'entreprise durant les heures de délégation ;
- circuler librement dans l'entreprise et y prendre tous contacts nécessaires à l'accomplissement de leur mission, durant les heures de délégation ou dehors de leurs heures habituelles de travail.
- **Affichage** : sur des emplacements obligatoirement prévus à cet effet.
- **Formation** : le temps consacré aux formations est pris sur le temps de travail et est rémunéré comme tel.

Règles spécifiques dans les entreprises de moins de 50 salariés

- ***Local*** : est mis à disposition par l'employeur.
- ***Réunions*** : les membres sont **reçus collectivement par l'employeur ou son représentant** au moins une fois par mois. En cas d'urgence, ils sont reçus sur leur demande.

Règles spécifiques dans les entreprises d'au moins de 50 salariés

- **Le CSE est doté de la personnalité civile** : il gère son patrimoine et est présidé par l'employeur ou son représentant.
- **Règlement intérieur** : le CSE y détermine les modalités de son fonctionnement et celles de ses rapports avec les salariés de l'entreprise, pour l'exercice de ses missions.
- **Local** : est mis à disposition par l'employeur.
- **Réunions**
  - **Périodicité**
- **Au moins quatre réunions** du CSE portent annuellement en tout ou partie sur les attributions du comité en matière de santé, sécurité et conditions de travail. Le CSE est aussi réuni notamment à la suite de tout accident ayant entraîné ou ayant pu entraîner des conséquences graves.

→

Dans les entreprises de moins de 300 salariés, le comité se réunit au moins une fois tous les deux mois.

- **Ordre du jour : est établi par le président et le secrétaire.**
- **Votes** des résolutions à la majorité des membres présents.

- **Commissions**
  - **Commission santé, sécurité et conditions de travail** : est créée notamment dans les entreprises d'au moins 300 salariés et les établissements distincts d'au moins 300 salariés.

  La commission est **présidée par l'employeur ou son représentant** et comprend au minimum trois membres représentants du personnel.
  - **Commission économique** : en l'absence d'accord dans les entreprises d'au moins 1 000 salariés, elle est créée au sein du CSE ou du CSE central.

  Elle est chargée notamment d'étudier les documents économiques et financiers et est présidée par l'employeur ou son représentant.
  - **Commission de la formation** : le CSE la constitue en l'absence d'accord dans les entreprises d'au moins 300 salariés.
- **Subvention de fonctionnement**

  Elle est versée par l'employeur. Son montant annuel est équivalent à 0,20 % de la masse salariale brute dans les entreprises de 50 à moins de 2 000 salariés et à 0,22 % de la masse salariale brute dans les entreprises d'au moins 2 000 salariés.
- **Formation économique**

  Dans les entreprises d'au moins 50 salariés, les membres titulaires du CSE élus pour la 1re fois bénéficient d'un stage de formation économique d'une durée maximale de 5 jours financé par le CSE.
- **Etablissement et contrôle des comptes du CSE.**
- **Recours à une expertise** : elle est rémunérée par l'employeur et/ou le CSE selon les cas.

CSE central et CSE d'établissement

CSE central

- Exerce les attributions qui concernent la **marche générale de l'entreprise et qui excèdent les limites des pouvoirs des chefs d'établissement**.
- Est **informé et consulté sur tous les projets importants concernant l'entreprise en matière économique et financière, en matière de santé, de sécurité et des conditions de travail.**
- Est doté de la **personnalité civile**.

CSE d'établissement

- Mêmes **attributions** que le CSE, dans la limite des pouvoirs confiés au chef de cet établissement.
- **Dans les entreprises d'au moins 50 salariés**, les CSE d'établissement sont dotés de la **personnalité civile**.

Dispositions pénales : délit d'entrave

- Entrave soit à la **constitution** d'un CSE, d'un CSE d'établissement ou d'un CSE central, soit à la **libre désignation de leurs membres :** punie d'un emprisonnement d'un an et d'une amende de 7 500 €.
- Entrave à leur **fonctionnement régulier** : puni d'une amende de 7 500 €.

Comité de groupe

Mise en place

Il est constitué au sein du groupe formé par une entreprise appelée entreprise dominante, dont le siège social est situé sur le territoire français, et les entreprises qu'elle contrôle.

Attributions

Le comité de groupe **reçoit des informations** sur l'activité, la situation financière, l'évolution et les prévisions d'emploi annuelles ou pluriannuelles et les actions éventuelles de prévention envisagées compte tenu de ces prévisions (perspectives économiques), dans le groupe et dans chacune des entreprises qui le composent. Le cas échéant, il reçoit communication des comptes et du bilan consolidés et du rapport du commissaire aux comptes correspondant.

Dispositions pénales : délit d'entrave

- Fait de ne pas constituer et réunir pour la première fois un comité de groupe ou d'apporter une entrave à la désignation des membres de ce comité : puni d'un emprisonnement d'un an et d'une amende de 7 500 €.
- Entrave au fonctionnement régulier de ce comité : puni d'une amende de 7 500 €.

Comité d'entreprise européen ou procédure d'information et de consultation dans les entreprises de dimension communautaire

Définitions : champ d'application

- Entreprises concernées
- ***Entreprise de dimension communautaire*** = l'entreprise ou l'organisme qui emploie au moins 1 000 salariés dans les Etats membres de la Communauté européenne ou de l'Espace économique européen et qui comporte au moins un établissement employant au moins 150 salariés dans au moins 2 de ces états.
- ***Groupe d'entreprises de dimension communautaire*** = le groupe, au sens la définition de l'entreprise de dimension communautaire et comportant au moins une entreprise employant au moins 150 salariés dans au moins 2 des états.
- **Instances**

- **Mise en place** : un **comité d'entreprise européen OU** une **procédure d'information et de consultation** est institué pour garantir le droit des salariés à l'information et à la consultation à l'échelon européen.
- **Compétence** : **questions transnationales**.

Conclusion d'un accord par un groupe spécial de négociation

Objet : mise en place d'un comité d'entreprise européen ou d'une procédure d'information et de consultation.

Délit d'entrave

- Entrave soit à la constitution d'un groupe spécial de négociation, d'un comité d'entreprise européen ou à la mise en œuvre d'une procédure d'information et de consultation, soit à la libre désignation de leurs membres : est punie d'un emprisonnement d'un an et d'une amende de 7 500 €.
- Entrave à leur fonctionnement régulier : est punie d'une amende de 7 500 €.

Implication des salariés dans la société européenne et comité de la société européenne

Implication des salariés dans la société européenne

1. Sociétés concernées : sociétés européennes ayant leur siège en France, sociétés participant à la constitution d'une société européenne et ayant

→

leur siège en France, filiales et établissements situés en France d'une société européenne située dans un autre Etat membre de la Communauté européenne ou de l'Espace économique européen.

2. **Modalités de l'implication des salariés** : **information, consultation, participation**. Elles sont arrêtées par accord conclu entre les dirigeants des sociétés participantes et les représentants des salariés.

3. Le **groupe spécial de négociation** détermine avec les dirigeants des sociétés participant à la création de la société européenne les modalités de l'implication des salariés au sein de la société européenne.

Comité de la société européenne

1. **Mis en place** lorsque, à l'issue de la période de négociation, aucun accord n'a été conclu.

2. **Attributions** : questions concernant la société européenne elle-même ou toute filiale ou tout établissement situé dans un autre Etat membre, ou excédant les pouvoirs des instances de décision dans un seul Etat membre (exemples : situation économique et financière, évolution probable des activités). Le comité a la personnalité juridique.

3. **Délit d'entrave**

- Entrave à la constitution d'un groupe spécial de négociation ou d'un comité de la société européenne mis en place ou non par accord, ou à la libre désignation de leurs membres : punie d'un emprisonnement d'un an et d'une amende de 7 500 €.
- Entrave au fonctionnement régulier des instances : punie d'une amende de 7 500 €.

Protection légale des représentants du personnel

En quoi consiste la protection légale ?

Dans tous les cas, la protection est attachée au MANDAT, pas à la personne.

Procédure : lors du licenciement, l'employeur doit appliquer la procédure de licenciement de droit commun prévue pour tout salarié (que ce soit pour licenciement personnel ou économique). De plus :

- s'il y a un **CSE**, il doit être **consulté** et donner un avis sur le licenciement ;
- **l'employeur doit demander une autorisation de licenciement à l'inspecteur du travail (IT).**

Recours contre la décision de l'IT : hiérarchique (devant le ministre du travail), pour excès de pouvoir (devant le tribunal administratif).

Qui bénéficie de la protection légale ? Quelle est la durée de cette protection ?

Les délégués syndicaux (DS) et les représentants du personnel

1. **Délégué et ancien délégué syndical (DS)**

- Lorsqu'il est en fonction.
- Ancien DS, durant les **12 mois suivant la date de cessation de ses fonctions, s'il a exercé ces dernières pendant au moins un an**.
- Lorsque la lettre du syndicat notifiant à l'employeur la désignation du DS a été reçue par l'employeur ou lorsque le salarié a fait la preuve que l'employeur a eu connaissance de l'imminence de sa désignation comme DS.

Salarié et ancien salarié mandaté

- Salarié mandaté pour négocier dans l'entreprise en l'absence notamment de DS.
- **Dès que l'employeur a connaissance de l'imminence de sa désignation.**
- Ancien salarié mandaté **durant les 12 mois suivant la date à laquelle son mandat a pris fin.**

Délégation du personnel au comité social et économique

- Membre et ancien membre de la délégation du personnel du CSE
- **Membre élu** (titulaire ou suppléant) ou représentant syndical au CSE.
- **Ancien membre élu** de la délégation du personnel du CSE ainsi qu'ancien représentant syndical qui, désigné depuis 2 ans, n'est pas reconduit dans ses fonctions lors du renouvellement du comité : protection pendant les 6 premiers mois suivant l'expiration de leur mandat ou la disparition de l'institution.

Candidat aux fonctions de membre élu de la délégation du personnel du CSE

- **Pendant 6 mois** pour le candidat, au 1er ou au 2e tour, aux fonctions de membre élu de la délégation du personnel du CSE, à partir de la publication des candidatures.
- Lorsque la lettre du syndicat notifiant à l'employeur la candidature aux fonctions de membre élu à la délégation du personnel du CSE a été reçue par l'employeur ou lorsque le salarié a fait la preuve que l'employeur a eu connaissance de l'imminence de sa candidature.

Membre et ancien membre de la délégation du personnel du CSE interentreprises

- **Membre** de la délégation du personnel
- **Durant les 6 mois suivant l'expiration du mandat** de membre de la délégation du personnel du CSE interentreprises ou de la disparition de l'institution.
- **Candidat aux fonctions de membre de la délégation du personnel du personnel du CSE interentreprises** :
- pendant 6 mois à partir du dépôt de sa candidature ;
- lorsque le salarié a fait la preuve que l'employeur a eu connaissance de l'imminence de sa candidature.

Licenciement d'un membre du groupe spécial de négociation ou d'un membre du comité d'entreprise européen

Autres salariés protégés

Licenciement du conseiller du salarié chargé de l'assister dans une procédure de licenciement

Licenciement du conseiller prud'homme

- Lorsqu'il est en fonction.
- S'il a cessé ses fonctions depuis moins de 6 mois.
- Salarié candidat aux fonctions de conseiller prud'homme dès que l'employeur a reçu notification de la candidature du salarié ou lorsque le salarié fait la preuve que l'employeur a eu connaissance de l'imminence de sa candidature, et pendant une durée de 3 mois à compter de la nomination des conseillers prud'hommes par l'autorité administrative.

Licenciement du défenseur syndical

Conclusion des conventions ou accords collectifs

Cocontractants et niveaux de négociation

Cocontractants

- d'une part, une ou plusieurs **organisations syndicales de salariés représentatives** dans le champ d'application de la convention ou de l'accord ;
- d'autre part, une ou plusieurs **organisations syndicales d'employeurs**, ou **toute autre association d'employeurs, ou un ou plusieurs employeurs** pris individuellement.

Niveaux de négociation et conditions de validité

Niveau de négociation	Champ d'application
Accord interprofessionnel	Peut être national, régional ou local.
Conventions de branche et accords professionnels	Peut être national, régional ou local. *Sauf disposition contraire, les termes " convention de branche " désignent la convention collective et les accords de branche, les accords professionnels et les accords interbranches.* La **branche** a pour missions de définir les conditions d'emploi et de travail des salariés ainsi que les garanties qui leur sont applicables et réguler la concurrence entre les entreprises relevant de son champ d'application.
Conventions et accords d'entreprise ou d'établissement	L'exercice du droit des salariés à la négociation dans l'entreprise et dans le groupe. *Sauf disposition contraire, les termes " convention d'entreprise " désignent toute convention ou accord conclu soit au niveau de l'entreprise, soit au niveau de l'établissement.*
Conventions ou accords de groupe	Tout ou partie des entreprises constitutives du groupe.
Accords Interentreprises	Accords conclus au niveau de plusieurs entreprises entre, d'une part, les employeurs et, d'autre part, les organisations syndicales représentatives à l'échelle de l'ensemble des entreprises concernées.

→ **Validité** :

- **accord interprofessionnel, convention de branche et accord professionnel** : est subordonnée à sa signature par une ou plusieurs organisations syndicales de salariés représentatives ayant recueilli, aux dernières élections professionnelles **au moins 30 % des suffrages exprimés** en faveur d'organisations reconnues représentatives à ce niveau, quel que soit le nombre de votants, et à l'absence d'opposition d'une ou plusieurs organisations syndicales de salariés représentatives ayant recueilli la majorité des suffrages exprimés en faveur des mêmes organisations à ces mêmes élections, quel que soit le nombre de votants ;
- **accord d'entreprise ou d'établissement** : est subordonnée à sa signature par, d'une part, l'employeur ou son représentant et, d'autre part, une ou plusieurs organisations syndicales de salariés représentatives ayant recueilli **plus de 50 % des suffrages exprimés** en faveur d'organisations représentatives au 1er tour des dernières élections des titulaires au comité social et économique, quel que soit le nombre de votants.

  Si cette condition n'est pas remplie et si l'accord a été signé à la fois par l'employeur et par des organisations syndicales représentatives ayant recueilli

plus de 30 % des suffrages exprimés en faveur d'organisations représentatives au 1er tour des élections, quel que soit le nombre de votants, une ou plusieurs de ces organisations ayant recueilli plus de 30 % des suffrages disposent d'un délai d'un mois à compter de la signature de l'accord pour indiquer qu'elles souhaitent une consultation des salariés visant à valider l'accord.

L'accord est valide s'il est approuvé par les salariés à la majorité des suffrages exprimés. Faute d'approbation, l'accord est réputé non écrit.

- **convention ou accord de groupe** : cf. les taux prévus pour accord interprofessionnel... et accord d'entreprise... en fonction du champ d'application.
- **accord interentreprises** : cf. les taux prévus pour accord interprofessionnel... et accord d'entreprise... en fonction du champ d'application. On additionne l'ensemble des suffrages obtenus dans les entreprises ou établissements concernés lors des dernières élections.

Règles applicables à chaque niveau de négociation

Conventions et accords d'entreprise ou d'établissement

- **Entreprise pourvues d'un ou plusieurs délégués syndicaux**

Négociation entre l'employeur et les organisations syndicales de salariés représentatives dans l'entreprise, au niveau d'un établissement ou d'un groupe d'établissements.

Le temps passé à la négociation est rémunéré comme temps de travail à échéance normale.

Entreprise dépourvues de délégué syndical ou de conseil d'entrepris

→ Si l'effectif habituel est inférieur à 11 salariés et dans celles dont l'effectif habituel est compris entre 11 et 20 salariés, en l'absence de membre élu de la délégation du personnel du CSE, **l'employeur peut proposer un projet d'accord aux salariés**, qui porte sur l'ensemble des thèmes ouverts à la négociation collective d'entreprise.

→ Si l'effectif habituel est compris **entre 11 et moins de 50 salariés**, les accords d'entreprise ou d'établissement peuvent être négociés, conclus et révisés :

- soit par un ou plusieurs salariés expressément mandatés par une ou plusieurs organisations syndicales représentatives dans la branche **ou** *
- soit par un ou des membres titulaires de la délégation du personnel du CSE.

→ Si **l'effectif habituel est au moins égal à 50 salariés**, **les membres titulaires de la délégation du personnel du CSE** peuvent négocier, conclure et réviser des accords collectifs de travail s'ils sont expressément mandatés à cet effet par une ou plusieurs organisations syndicales représentatives dans la branche dont relève l'entreprise **ou** *

Si aucun membre de la délégation du personnel du CSE ne souhaite négocier, les accords peuvent être négociés, conclus et révisés par **un ou plusieurs salariés expressément mandatés par une ou plusieurs organisations syndicales représentatives dans la branche ou** *

Conventions ou accords de groupe

→ Sont négociés et conclus entre l'employeur de l'entreprise dominante ou un ou plusieurs représentants, mandatés à cet effet, des employeurs des entreprises concernées par le champ de la convention ou de l'accord ET les organisations syndicales de salariés représentatives dans le groupe ou dans l'ensemble des entreprises concernées par le champ de la convention ou de l'accord.

* *à défaut*, par une ou plusieurs organisations syndicales représentatives au niveau national ou interprofessionnel.

→

Contenu et champ d'application

Contenu et conditions de validité

Convention collective	Accord collectif
= ensemble des conditions d'emploi, de formation professionnelle et de travail des salariés + garanties sociales	= un ou plusieurs sujets déterminés dans l'ensemble traité par la convention collective *ex* : formation professionnelle

La convention ou l'accord :

est un **écrit**, à peine de nullité ;

contient un **préambule** présentant de manière succincte ses objectifs et son contenu ;

définit le **calendrier des négociations, les modalités de prise en compte, dans la branche ou l'entreprise, des demandes relatives aux thèmes de négociation** émanant d'une ou des organisations syndicales de salariés représentatives ;

peut définir la **méthode** permettant à la négociation de s'accomplir dans des conditions de **loyauté** et de **confiance mutuelle** entre les parties.

Champ d'application

Est **territorial** = géographique (national...) **et professionnel** = cf. activités économiques concernées (interprofessionnel, professionnel, branche).

Est **déterminé par la convention ou l'accord**.

Publicité des conventions ou accords collectifs

1. Dépôt auprès de la DIRECCTE (Direction régionale des entreprises, de la concurrence, de la consommation, du travail et de l'emploi) et au secrétariat du conseil de prud'hommes du lieu de conclusion.

De plus, il faut une publication en ligne dans une base de données nationale.

→ Entrée en vigueur dès le lendemain du dépôt (*sauf* stipulation contraire).

2. Information des salariés et des représentants du personnel

Principe : est prévue par la convention ou l'accord ;

- à défaut : cf. loi :
  - notice d'information : remise par l'employeur lors de l'embauche,
  - mise à disposition des textes : 1 ex remis au CSE, aux DS,+ 1 exemplaire tenu à la disposition du personnel sur le lieu de travail,
  - affichage d'un avis relatif à la convention dans l'E (le cas échéant : sur l'intranet de l'E).

Domaines et périodicité de la négociation obligatoire

Négociation de branche et professionnelle

Ordre public

- **Les organisations liées par une convention de branche ou, à défaut, par des accords professionnels se réunissent, au moins une fois tous les 4 ans** pour les thèmes mentionnés aux 1° à 5° et au moins une fois tous les 5 ans pour les thèmes mentionnés aux 6° et 7°, pour négocier :

  1° sur les salaires ;

  2° sur les mesures tendant à assurer l'égalité professionnelle entre les femmes et les hommes et sur les mesures de rattrapage tendant à remédier aux inégalités constatées ;

3° sur les conditions de travail, la gestion prévisionnelle des emplois et des compétences, et sur la prise en compte des effets de l'exposition aux facteurs de risques professionnels ;

4° sur les mesures tendant à l'insertion professionnelle et au maintien dans l'emploi des travailleurs handicapés ;

5° sur les priorités, les objectifs et les moyens de la formation professionnelle des salariés ;

6° sur l'examen de la nécessité de réviser les classifications, en prenant en compte l'objectif d'égalité professionnelle entre les femmes et les hommes et de mixité des emplois ;

7° sur l'institution d'un ou plusieurs plans d'épargne interentreprises ou plans d'épargne pour la retraite collectifs interentreprises lorsqu'il n'existe aucun accord conclu à ce niveau en la matière.

→ Ces organisations peuvent engager, à la demande de l'une d'entre elles, une **négociation** précisant le calendrier, la périodicité, les thèmes et les modalités de négociation dans la branche ou le secteur professionnel considéré.

Dispositions supplétives

Les organisations liées par une convention de branche ou, à défaut, par des accords professionnels se réunissent dans les conditions suivantes.

- **Négociation annuelle** sur les **salaires**, en prenant en compte l'objectif d'égalité professionnelle entre les femmes et les hommes, ainsi que les mesures permettant de l'atteindre.
- **Négociation triennale** sur :
  - les **mesures tendant à assurer l'égalité professionnelle entre les femmes et les hommes et sur les mesures de rattrapage tendant à remédier aux inégalités constatées** ;
  - **les conditions de travail, la gestion prévisionnelle des emplois et des compétences** ;
  - les mesures tendant à l'insertion professionnelle et au maintien dans l'emploi des **travailleurs handicapés** ;
  - les priorités, les objectifs et les moyens de la **formation professionnelle** des salariés.
- **Négociation quinquennale**
  - Révision des **classifications** en prenant en compte l'objectif d'égalité professionnelle entre les femmes et les hommes et de mixité des emplois.
  - Négociation sur l'institution d'**un ou plusieurs plans d'épargne interentreprises ou plans d'épargne pour la retraite collectifs interentreprises** lorsqu'il n'existe aucun accord conclu à ce niveau en la matière.

Négociation obligatoire en entreprise

Négociation tous les 4 ans

Dans les entreprises où sont constituées une ou plusieurs sections syndicales d'organisations représentatives : négociation sur la rémunération (salaires effectifs, partage de la valeur ajoutée dans l'entreprise...), l'égalité professionnelle entre les femmes et les hommes (pour supprimer les écarts de rémunération...).

Dans les entreprises et les groupes d'entreprises d'au moins 300 salariés, ainsi que dans les entreprises et groupes d'entreprises de dimension communautaire comportant au moins un établissement ou une entreprise d'au moins 150 salariés en France l'employeur engage, au moins une fois tous les 4 ans : négociation sur la gestion des emplois et des parcours professionnels.

→

Si, au terme de la négociation, aucun accord n'a été conclu, il est établi un *procès-verbal de désaccord* dans lequel sont consignées les propositions respectives des parties et les mesures que l'employeur entend appliquer unilatéralement.

Champ de la négociation collective

Dans les entreprises où sont constituées une ou plusieurs sections syndicales d'organisations représentatives, peut être engagée, à l'initiative de l'employeur ou à la demande d'une organisation syndicale de salariés représentative, une négociation précisant le calendrier, la périodicité, les thèmes et les modalités de négociation dans le groupe, l'entreprise ou l'établissement. La durée de l'**accord ne peut excéder 4 ans**.

→ ***À défaut d'accord ou en cas de non-respect de ses stipulations*, l'employeur engage, dans les entreprises :**

- **chaque année :** négociation sur la rémunération, le temps de travail et le partage de la valeur ajoutée dans l'entreprise, sur l'égalité professionnelle entre les femmes et les hommes et la qualité de vie au travail ;
- **tous les 3 ans**, dans les entreprises d'au moins 300 salariés : négociation sur la gestion des emplois et des parcours professionnels.

Délit d'entrave : fait de se soustraire aux obligations relatives à la convocation des parties à la négociation et à l'obligation périodique de négocier, est puni d'un emprisonnement d'un an et d'une amende de 3 750 euros.

Articulation des conventions et accords

Une convention ou un accord peut comporter des stipulations plus favorables aux salariés que les dispositions légales en vigueur. Ils ne peuvent déroger aux dispositions qui revêtent un caractère d'ordre public.

Une convention de branche ou un accord professionnel ou interprofessionnel peut comporter des **stipulations moins favorables aux salariés** que celles qui leur sont applicables en vertu d'une convention ou d'un accord couvrant un champ territorial ou professionnel plus large, *sauf* si cette convention ou cet accord stipule expressément qu'on ne peut y déroger en tout ou partie.

Lorsqu'une convention ou un accord de niveau supérieur à la convention ou à l'accord intervenu est conclu, les parties adaptent les stipulations de la convention ou accord antérieur moins favorables aux salariés si une stipulation de la convention ou de l'accord de niveau supérieur le prévoit expressément.

La **convention de branche** définit les conditions d'emploi et de travail des salariés. Elle peut définir les garanties applicables notamment pour les salaires minima hiérarchiques, les classifications et la mutualisation des fonds de la formation professionnelle.

Lorsque la convention de branche le stipule expressément, la convention d'entreprise conclue postérieurement à cette convention ne peut **comporter des stipulations différentes de celles qui lui sont applicables en vertu de cette convention (***sauf* **lorsque la convention d'entreprise assure des garanties au moins équivalentes) dans les matières suivantes :**

- la prévention des effets de l'exposition aux facteurs de risques professionnels ;
- l'insertion professionnelle et le maintien dans l'emploi des travailleurs handicapés;
- l'effectif à partir duquel les délégués syndicaux peuvent être désignés, leur nombre et la valorisation de leurs parcours syndical ;
- les primes pour travaux dangereux ou insalubres.

- **Lorsqu'un employeur est lié par les clauses d'une convention ou d'un accord**, ces clauses s'appliquent aux **contrats de travail** conclus avec lui, *sauf* stipulations plus favorables.

- **Accord d'entreprise** (dénommé accord de performance collective) conclu afin de **répondre aux nécessités liées au fonctionnement de l'entreprise ou en vue de préserver, ou de développer l'emploi**

• **Cet accord peut** :

- aménager la durée du travail, ses modalités d'organisation et de répartition ainsi que la rémunération dans le respect du salaire minimum interprofessionnel de croissance et des salaires minimas conventionnels ;
- déterminer les conditions de la mobilité professionnelle ou géographique interne à l'entreprise.

• **L'accord définit dans son préambule ses objectifs et peut préciser** :

- les modalités d'information des salariés sur son application et son suivi pendant toute sa durée ;
- les conditions dans lesquelles fournissent des efforts proportionnés à ceux demandés aux salariés pendant toute sa durée : les dirigeants salariés exerçant dans le périmètre de l'accord, les mandataires sociaux et les actionnaires ;
- les modalités selon lesquelles sont conciliées la vie professionnelle et la vie personnelle et familiale des salariés.

• **Les stipulations de l'accord se substituent de plein droit aux clauses contraires et incompatibles du contrat de travail**, y compris en matière de rémunération, de durée du travail et de mobilité professionnelle ou géographique interne à l'entreprise.

• Le salarié peut refuser la modification de son contrat de travail résultant de l'application de l'accord.

Si l'employeur engage une procédure de licenciement à l'encontre du salarié ayant refusé l'application de l'accord, ce licenciement repose sur un motif spécifique qui constitue une **cause réelle et sérieuse**.

Application des conventions et accords collectifs

- **Entrée en vigueur** : *sauf* stipulations contraires, à partir du jour qui suit le dépôt des conventions et accords.

- **Texte applicable** : c'est la convention collective dont relève **l'activité principale exercée par l'employeur.**

- **Adhésion** : *peuvent adhérer* à une convention ou à un accord toute organisation syndicale représentative de salariés ainsi que toute organisation syndicale ou association d'employeurs ou des employeurs pris individuellement.

- **Révision** par avenant : elle porte sur tout ou partie d'une convention ou d'un accord. **L'avenant** *se substitue de plein droit aux stipulations du texte qu'il modifie.*

- **Dénonciation** possible de la convention et de l'accord à durée indéterminée par les parties signataires. *En l'absence de stipulation expresse, la **durée du préavis** qui doit précéder la dénonciation est de 3 mois.*

→ **Lorsque la convention ou l'accord qui a été dénoncé n'a pas été remplacé par une nouvelle convention ou un nouvel accord dans un délai d'un an à compter de l'expiration du préavis**, les salariés des entreprises concernées conservent, en application de la convention ou de l'accord

→

dénoncé, une rémunération dont le montant annuel, pour une durée de travail équivalente à celle prévue par leur contrat de travail, ne peut être inférieur à la rémunération versée lors des 12 derniers mois.

Lorsqu'une stipulation prévoit que la convention ou l'accord dénoncé continue à produire ses effets pendant un délai supérieur à un an, les salariés conservent leur rémunération à compter de l'expiration de ce délai si une nouvelle convention ou un nouvel accord n'a pas été conclu.

- **Extension ou élargissement d'une convention de branche ou d'un accord professionnel ou interprofessionnel** : le texte (et ses avenants ou annexes) peut être rendu obligatoire pour tous les salariés et employeurs compris dans le champ d'application de cette convention ou de cet accord, par arrêté
du ministre chargé du travail, après avis motivé de la Commission nationale de la négociation collective.

- Application des conventions et accords

L'application des conventions et accords est **obligatoire pour tous les signataires ou membres des organisations ou groupements signataires, ainsi qu'aux adhérents aux textes et aux groupements signataires**.

Droit d'expression directe et collective des salariés

- Les salariés bénéficient d'un **droit à l'expression directe et collective sur le contenu, les conditions d'exercice et l'organisation de leur travail.**
- But : **définir les actions à mettre en œuvre pour améliorer** leurs conditions de travail, l'organisation de l'activité et la qualité de la production dans l'unité de travail à laquelle ils appartiennent et dans l'entreprise.
- **Exercice** sur les lieux et pendant le temps de travail ; le temps consacré à l'expression est rémunéré comme temps de travail.
- Modalités d'exercice

• **Dans les entreprises où sont constituées une ou plusieurs sections syndicales d'organisations représentatives ayant désigné un délégué syndical**, les modalités d'exercice du droit d'expression sont définies par **un accord sur le droit d'expression** conclu entre l'employeur et les organisations syndicales représentatives.

→ En l'absence de d'accord, l'employeur engage au moins une fois par an une négociation en vue de la conclusion éventuelle d'un tel accord.

• **Lorsqu'un accord sur le droit d'expression existe, l'employeur provoque une réunion**, **au moins une fois tous les 3 ans**, avec les organisations syndicales représentatives *en vue d'examiner les résultats de cet accord.*

• **Dans les entreprises où aucun délégué syndical n'a été désigné ou dans lesquelles un accord sur le droit d'expression n'a pas été conclu**, l'employeur consulte au moins une fois par an le CSE sur les modalités d'exercice du droit d'expression des salariés.

Trois dispositifs :
→ *participation des salariés aux résultats de l'entreprise*
→ *intéressement des salariés*
→ *plans d'épargne*

Participation des salariés aux résultats de l'entreprise

Champ d'application

Participation OBLIGATOIRE	Participation FACULTATIVE
Toute entreprise employant habituellement **au moins 50 salariés, quelles que soient la nature de son activité et sa forme juridique** (l'effectif doit avoir été atteint pendant 12 mois, consécutifs ou non au cours des 3 derniers exercices).	Pour les entreprises qui emploient **moins de 50 salariés.**

- *L'effectif est calculé au niveau de l'entreprise ou, le cas échéant, de l'unité économique et sociale. Tous les salariés sont concernés.*

Mise en œuvre

Principe : conclusion d'un accord de participation entre les parties intéressées.

Dans entreprise ayant **au moins 50 salariés**	Dans entreprise **de moins de 50 salariés**
Modalités possibles, notamment : • *accord dans une convention ou un accord collectif de travail de branche ou d'entreprise ;* • *obligation de négocier des accords de participation dans les branches professionnelles ;* • *accord entre l'employeur et les représentants des organisations syndicales représentatives dans l'entreprise ;* • *accord au sein du CSE ;* • *accord dans la branche qui s'applique à l'entreprise.*	**Modalités possibles :** • *application du dispositif prévu pour la branche ;* • *mise en place unilatérale par le chef d'E.*

- ***Contenu*** *: clauses obligatoires (ex : durée d'indisponibilité des droits des salariés) et clauses facultatives (ex : affectation à un plan d'épargne salariale).*
- ***Dépôt*** *à la DIRECCTE (Direction régionale des entreprises, de la concurrence, de la consommation, du travail et de l'emploi).*

Cas de l'absence d'accord de participation
Un régime subsidiaire est prévu par la loi : calcul de la réserve selon la formule légale + blocage des droits des salariés pendant 8 ans + l'entreprise ne peut constituer de provision pour investissement.

Droits des salariés sur la réserve de participation

Calcul de la réserve de participation : formule : $R = \frac{1}{2}(B - 5\,\%\,C) \times S/VA$
B = bénéfice net réalisé
C = capitaux propres = capital (social) + réserves + provisions
S = salaires versés
VA = valeur ajoutée = (total des charges de personnel + impôts et taxes) – (taxes sur le CA + charges financières + dotations aux amortissements et aux provisions + résultat avant impôt)

Information individuelle et collective des salariés prévue par l'accord.

Répartition entre les salariés en appliquant 2 plafonds : répartition proportionnelle au salaire perçu par chaque salarié pendant l'exercice écoulé dans la limite d'un **plafond légal annuel égal à 75 % du plafond annuel de Sécurité sociale** et, pour déterminer le montant du salaire retenu pour calculer la répartition, un **plafond qui ne peut excéder un plafond fixé dans l'accord de participation et qui ne peut, dans tous les cas, dépasser 4 fois le plafond annuel de Sécurité sociale.**

→

- **Fonctionnement de la réserve de participation**
  - ***disponibilité des droits :*** *chaque année, lors du versement de la participation, le salarié peut soit demander le versement de tout ou partie de ses droits, soit demander le blocage de ses droits.*
  - ***indisponibilité des droits :*** *les droits des salariés ne sont négociables qu'à l'expiration d'un délai de 5 ans ou de 8 ans en cas d'absence d'accord, sauf déblocage anticipé (ex : en cas de mariage).*
- **Affectation des droits des salariés :** pendant la période d'indisponibilité, les droits à participation des salariés sont placés sur un plan d'épargne entreprise (PEE) pour la totalité, ou pour partie sur un PEE et un compte courant bloqué que l'entreprise doit consacrer à des investissements.
- **Régime fiscal et social de la participation**

Pour l'entreprise	Pour les salariés
Sommes sont déductibles **de l'IR ou de l'IS** et non soumises à la taxe sur les salaires, ni aux cotisations sociales. **Soumises au forfait social de 20 %.**	Sommes sont exonérées de **l'IR et des cotisations sociales,** sauf notamment CSG et CRDS lors de la répartition.

Intéressement des salariés

Champ d'application

- Toute entreprise ; l'intéressement est **facultatif, collectif et aléatoire.** Un accord d'intéressement prévoit en principe que tous les salariés de l'entreprise bénéficient de l'intéressement.

Mise en œuvre

- **Conclusion d'un accord d'intéressement** pour une durée de trois ans, notamment par convention ou accord collectif de travail. Il est déposé auprès de la DIRECCTE et chaque salarié en est informé.
- **Les modalités de calcul de l'intéressement** peuvent varier selon les établissements et les unités de travail.
  La répartition de l'intéressement entre les bénéficiaires peut être uniforme, proportionnelle à la durée de présence dans l'entreprise au cours de l'exercice ou proportionnelle aux salaires. Le montant versé n'a pas le caractère de salaire et ne peut dépasser **20 % du total des rémunérations brutes des bénéficiaires** ; chaque salarié ne peut percevoir une somme supérieure à la moitié du plafond de la Sécurité sociale.
- **Régime fiscal et social**

Pour l'entreprise	Pour les salariés
Exonérations sociales + **forfait social de 20 %**	Exonérations sociales, sauf CSG, CRDS
Exonérations fiscales idem participation	Sommes imposables, sauf si versées dans un PEE

Plans d'épargne

- Ils sont **facultatifs** et peuvent être mis en place dans toutes les entreprises.
- On distingue **3 systèmes d'épargne collectifs :** le **plan d'épargne entreprise** (PEE), qui ouvre aux salariés la faculté de participer, avec l'aide de l'entreprise à la constitution d'un portefeuille de valeurs mobilières, le **plan d'épargne interentreprises** (PEI), qui permet à plusieurs entreprises de se regrouper pour constituer un PEE, le **plan d'épargne pour la retraite collectif** (PERCO), PERCO (interentreprises) qui permet aux salariés de constituer une épargne utilisable au moment de la retraite.
- **Régime fiscal et social** des 3 systèmes : exonérations fiscales et sociales (sauf CSG et CRDS).

LA BASE DE DONNÉES ÉCONOMIQUES ET SOCIALES

Créée par l' Ordonnance n°2017-1386 du 22 septembre 2017, elle remplace le bilan social.

Cadre juridique

La loi prévoit la création d'une **base de données économiques et sociales** qui réunit l'ensemble des informations nécessaires aux consultations et informations récurrentes du comité social et économique (CSE).

L'employeur met cette base à disposition du CSE (dans le cadre des attributions de ce dernier).

Mise en place et contenu

- **Un accord d'entreprise définit :**

1° l'**organisation**, l'**architecture** et le **contenu** de la base ;

2° les modalités de **fonctionnement** de la base, notamment les ***droits d'accès*** et le ***niveau de mise en place*** de celle-ci dans les entreprises comportant des établissements distincts, son support, ses modalités de consultation et d'utilisation.

La base de données **comporte au moins les thèmes suivants** :

- l'investissement social,
- l'investissement matériel et immatériel,
- l'égalité professionnelle entre les femmes et les hommes au sein de l'entreprise,
- les fonds propres, l'endettement,
- l'ensemble des éléments de la rémunération des salariés et dirigeants,
- les activités sociales et culturelles,
- la rémunération des financeurs, les flux financiers à destination de l'entreprise.

L'accord peut également intégrer dans la base les informations nécessaires notamment aux négociations obligatoires en entreprise.

→ L'organisation, l'architecture, le contenu et les modalités de fonctionnement de la base doivent permettre au CSE et, le cas échéant, aux délégués syndicaux d'exercer utilement leurs compétences.

- **A défaut d'accord d'entreprise, un accord de branche** peut définir l'organisation, l'architecture, le contenu et les modalités de fonctionnement de la base dans les entreprises de moins de trois cents salariés.

→

LES CONFLITS COLLECTIFS

Conflits collectifs et droit de grève

Qu'est-ce qu'un conflit collectif ?

- Pas de définition légale. Selon la jurisprudence, c'est un litige entre l'**employeur et plusieurs ou tous les salariés de l'entreprise**, qui porte sur des droits communs aux salariés engagés dans le conflit.

Qu'est-ce que la grève ? Quelles sont les règles applicables ?

- **Cadre juridique du droit de grève :** le droit de grève s'exerce **dans le cadre des lois qui le réglementent** ; la grève ne rompt pas le contrat de travail, sauf **faute lourde imputable au salarié.**
- **Définition de la grève :** cessation collective et concertée du travail en vue d'appuyer des revendications professionnelles.
- **Éléments constitutifs : cessation totale du travail, cessation collective et concertée du travail, exigence de revendications professionnelles générales** (ex : retraite) ou **liées à la vie de l'entreprise** (ex : salaires, conditions de travail) : doivent avoir été portées préalablement à la connaissance de l'employeur.
- **Statut du salarié gréviste**

Si exercice **NORMAL** du droit de grève	Si exercice **ANORMAL** du droit de grève
• *pas de rupture du contrat de travail (sauf si faute lourde), mais SUSPENSION du contrat de travail* **(1)**. • *pas de sanction disciplinaire.* • *si licenciement intervient : est nul de plein droit :* • *soit salarié demande sa réintégration ;* • *soit salarié ne demande pas sa réintégration : il perçoit une indemnité = à 6 mois de salaire et des indemnités liées à la rupture du contrat.*	→ *des fautes lourdes, sont commises (ex : atteinte aux droits des salariés non grévistes ; piquets de grève ; occupation des locaux ; séquestration des dirigeants).* → *seuls les salariés qui commettent ces fautes sont sanctionnables.*

(1) Effets de la suspension :

• ***perte de salaire*** *proportionnelle à la durée de la grève (sauf si un protocole en prévoit le paiement total ou partiel). Jours de grève non décomptés pour les congés payés.* • *pas de protection pour* ***accident du travail ou de trajet.***	• *protection sociale* ***maintenue.*** • *mandats des représentants du personnel* ***se poursuivent.*** • *primes anti-grève sont* ***interdites.***

Les droits et pouvoirs de l'employeur face à la grève

Mesure INDIVIDUELLE

- **Faute lourde d'un salarié** commise à l'occasion de la grève révèle : elle révèle une intention de nuire et ne peut être excusée par les circonstances ; le salarié doit avoir participé personnellement aux faits illicites.
  - → **Sanctions : licenciement** (sans indemnité de licenciement, ni de préavis, ni compensatrice de congés payés), **rétrogradation ou mutation.**

Mesures COLLECTIVES

POURSUITE DE L'ACTIVITÉ DE L'ENTREPRISE
• ***pas de remplacement des salariés grévistes par des CDD ou des CTT.*** • *interdiction de* ***récupérer les heures perdues pour cause de grève.***

FERMETURE DE L'ENTREPRISE PAR L'EMPLOYEUR
1. Fermeture **LICITE** dans 3 cas : risque pour la sécurité des personnes et des biens (indemnités de chômage technique pour les salariés non grévistes), **situation non imputable à l'employeur** (ex : occupation des locaux), **force majeure.**

(suite du tableau)

FERMETURE DE L'ENTREPRISE PAR L'EMPLOYEUR
2. Fermeture **ILLICITE** (ou LOCK-OUT) : l'employeur, doit réparer le préjudice causé aux salariés.
ACTIONS EN JUSTICE
1. Saisine du **juge des référés** (le président du TGI), par ex si : occupation des locaux, piquet de grève. → Ordonnance d'expulsion des grévistes si l'**occupation constitue un trouble manifestement illicite.**
2. Actions en **responsabilité civile** contre un gréviste (compétence du conseil de prud'hommes) ou contre les syndicats s'ils ont participé aux actes illicites commis pendant la grève (compétence du tribunal de grande instance), en responsabilité **pénale** en cas d'infractions, ex : séquestration de personnes (compétence du tribunal correctionnel).

Le règlement des conflits collectifs

Solutions négociées

- **Conclusion d'un accord (ou protocole, constat de fin de conflit, Procès verbal de fin de conflit) entre les parties au conflit**. Le contenu est **librement négocié**. S'il est conclu par les délégués syndicaux ; il a valeur d'accord collectif.

Règlement par appel à des tiers

- **Procédure de CONCILIATION :** est **facultative.**
  - ***Rôle du conciliateur :*** *favoriser échanges entre les parties... pour qu'elles parviennent à un accord.*
  - ***Caractéristiques de la procédure :***
    - *est* ***conventionnelle ou contractuelle*** *(cf. convention collective ou accord collectif qui peuvent avoir prévu les modalités de cette procédure) ;*
    - *ou* ***légale ou réglementaire*** *(s'applique à titre subsidiaire, en l'absence de procédure conventionnelle ou en cas d'échec de celle-ci) : saisine du* ***conciliateur*** *(commission de conciliation nationale, régionale ou départementale) à l'initiative de l'une des parties ou de l'autorité administrative ; à l'issue de la procédure :* ***accord*** *(procès-verbal (PV) a valeur d'accord collectif) ou* ***désaccord partiel ou total*** *(PV de désaccord).*
- **Procédure de MÉDIATION**
  - ***Déclenchement :*** *après* ***échec de la conciliation*** *(par ministre ou président de la commission régionale de conciliation),* ***directement*** *(par ministre ou préfet) ou* ***par les parties*** *(par requête conjointe).*
  - ***Médiateur :*** *est* ***choisi*** *par parties ou ministre ou préfet sur listes ; il* ***soumet aux parties, sous forme de recommandation motivée, des propositions en vue du règlement du litige,*** *dans un délai d'un mois à compter de sa désignation. Les parties* ***peuvent accepter ou rejeter la recommandation en motivant leur décision ;*** *si elle est approuvée, elle a un caractère obligatoire et a les mêmes effets qu'un accord collectif.*
- **Procédure d'ARBITRAGE :** est **facultative**
  - ***Recours à la procédure*** *par les parties, notamment après échec de la conciliation ou de la médiation.*
  - ***L'arbitre*** *statue* ***en droit ou en équité*** *et rend une* ***sentence arbitrale*** *qui s'impose aux parties.*
  - ***Recours contre la sentence arbitrale*** *pour excès de pouvoirs ou violation de la loi devant la* ***Cour supérieure d'arbitrage*** *qui rend un arrêt (qui peut annuler la sentence).*

→

LE CONTRÔLE DE L'APPLICATION DU DROIT DU TRAVAIL PAR L'INSPECTION DU TRAVAIL

L'inspection du travail est assurée essentiellement par les agents de contrôle de l'inspection du travail qui sont membres soit du corps des inspecteurs du travail, soit du corps des contrôleurs du travail, qui sont en charge du contrôle des entreprises.
Ces agents font partie des services extérieurs du ministère chargé du travail et de l'emploi, et sont rattachés localement à une **DIRECCTE** (direction régionale de l'entreprise, de la concurrence, de la consommation, du travail et de l'emploi).

Statut des agents de contrôle de l'inspection du travail

- *Indépendance.*
- *Impartialité.*
- *Respect du secret professionnel (ex : pour secrets de fabrication).*
- *Obligation de discrétion et de réserve (ex : par rapport à une plainte d'un salar*
- *Obligation de motiver les décisions administratives (ex : autorisation d'heures supplémentaires dans un établissement).*

Missions des agents de contrôle de l'inspection du travail

Veiller à l'application des dispositions du code du travail et constater les infractions à ces dispositions

- Pour l'exercice de cette mission, les agents disposent de divers **droits**, par exemple : droit d'entrée (pour pénétrer sans autorisation préalable dans tout lieu où travaillent des salariés), droit de communication des registres (qui sont tenus obligatoirement par l'employeur ou qui existent dans l'entreprise), droit de prélèvement en matière d'hygiène et de sécurité.
- Lorsque l'agent de contrôle constate des illégalités, il peut :
  - *soit notifier une observation ou un avertissement à l'employeur : il demande à ce dernier de mettre fin à l'infraction ;*
  - *soit notifier une mise en demeure : l'employeur a un délai pour mettre fin à la situation constatée ; c'est une décision susceptible de recours devant la DIRECCTE ;*
  - *soit dresser un procès-verbal (PV) qui fera foi jusqu'à preuve du contraire ; le PV est envoyé au Préfet, transmis au parquet.*

  → *À noter :* en matière d'hygiène et sécurité, lorsqu'il existe un risque sérieux d'atteinte à l'intégrité physique d'un travailleur, l'agent de contrôle peut saisir le TGI en référé afin que ce dernier ordonne l'immobilisation immédiate de la machine dangereuse.

L'employeur qui refuse de laisser entrer un agent de contrôle de l'inspection du travail ou lui fournit des renseignements inexacts commet le **délit d'obstacle à l'accomplissement des devoirs de l'agent.**

Prendre des décisions administratives

- *Exemples :* exiger le retrait immédiat d'une clause illégale d'un règlement intérieur, autoriser le licenciement d'un représentant du personnel.
- Recours de l'employeur face à une décision administrative de l'agent de contrôle. Trois étapes peuvent être suivies :

- ***recours gracieux*** *auprès de l'agent ;*
- *à défaut de réponse favorable de l'agent :* ***recours hiérarchique*** *auprès du ministre du travail ; ce dernier a 4 mois pour répondre (à défaut, le recours est rejeté) ;*
- *à défaut de réponse favorable du ministère :* ***recours contentieux*** *dans les 2 mois de la notification de la décision administrative devant le tribunal administratif.*

- **Assistance par des conseils aux employeurs, aux salariés**

  - Par des permanences, pour expliquer l'application d'une disposition légale, par exemple lors d'un conflit individuel (ex : calcul d'une prime) ou collectif.

- **Conciliation**

  - Notamment pour la prévention ou la recherche de solutions en matière de conflit collectif.

RÉSOLUTIONS AMIABLES DES LITIGES ET CONTENTIEUX PRUD'HOMAL, CIVIL, PENAL, ADMINISTRATIF

Les modes amiables de résolution conflits

La médiation conventionnelle

- *But :* résoudre à l'amiable un différend entre un employeur et un salarié s'élevant à l'occasion du contrat de travail à l'aide de l'intervention d'un tiers le **médiateur**.
  → *À noter :* la médiation ne se substitue pas à la procédure de conciliation obligatoire qui se déroule devant le bureau de conciliation et d'orientation du conseil de prud'hommes.
- *Déroulement :* les parties en litige tentent de **renouer le dialogue... et de parvenir à un accord pour résoudre leur litige, avec l'aide d'un médiateur choisi par elles** ;
  - *le médiateur est tenu à la **confidentialité** ; il est **neutre, impartial et indépendant. Il ne propose pas de solution aux parties** ; l'accord auquel les parties peuvent parvenir peut être soumis à l'**homologation du juge pour le rendre exécutoire** ;*
  - ***si la médiation échoue, les parties peuvent saisir le conseil de prud'hommes** en faisait état d'une **tentative de médiation**.*

La procédure participative

- *But :* résoudre un différend entre un employeur et un salarié s'élevant à l'occasion du contrat de travail sous l'égide d'**avocats**.
- *Déroulement :* par la **convention de procédure participative**, l'employeur et le salarié en litige s'engagent à œuvrer conjointement et de bonne foi à la résolution amiable de leur différend ;
  - ***cette convention s'applique avant de saisir le conseil de prud'hommes** et est conclue pour une durée déterminée ;*
  - *pendant l'exécution de la convention : les parties sont assistées de leurs **avocats** et aucune action en justice ne peut être faite devant un juge pour qu'il statue sur le litige ;*
  - *l'**accord** conclu par les parties est écrit et établi avec l'aide de l'avocat de chacune des parties ; il peut être soumis à l'**homologation** du juge pour le rendre exécutoire.*

Les contentieux prud'homal, civil, pénal et administratif

Ordre judiciaire privé

Le conseil de prud'hommes (CP)

- **Composition** : juges non professionnels, désignés par arrêté ministériel (parité).
- **Compétence** d'ordre public :
  - *compétence **d'attribution** : litiges individuels nés à l'occasion du contrat de travail, du contrat d'apprentissage dans le secteur privé.*
    Le CP statue en 1er et dernier ressort, quand litige ne dépasse pas 4 000 € ;
  - *compétence **territoriale** du CP dans le ressort duquel est fixé le lieu de travail du salarié, ou CP du domicile du salarié (ex : si travail à domicile) ou CP du lieu où il a été engagé ou CP du siège social de l'entreprise qui l'emploie.*
- **Organisation** : le CP se divise en **cinq sections autonomes** : agriculture, industrie, commerce, encadrement, activités diverses (ex : activités libérales) ; les conseillers sont répartis en **deux collèges** (salariés, employeurs) en fonction de leur situation professionnelle. Les conseillers sont des **salariés protégés**.

- **Procédure contentieuse : <u>les étapes</u>**
  - *<u>Étape 1</u> : **saisine** du conseil (dépôt de la demande).*
  - *<u>Étape 2</u> : **procédure devant le bureau de conciliation et d'orientation : tentative de conciliation obligatoire :***
    - ***en principe, les parties (l'employeur et le salarié) doivent comparaître personnellement ;***
    - *le bureau peut notamment ordonner la remise de documents (certificat de travail, bulletin de paie...) ou le versement de provisions sur salaires.*
  - *<u>Étape 3</u> : **en cas de non-conciliation,** la procédure se poursuit devant **le bureau de jugement** qui juge l'affaire à la majorité absolue des conseillers prud'homaux ; en cas de partage des voix, l'affaire est renvoyée devant le même bureau présidé un **juge départiteur** (est un juge du TGI).*
  - *Le cas échéant, <u>étape 4</u> : **voies de recours :***
    - *jusqu'à un certain montant de la demande, 4 000 €, le CP statue en dernier ressort ;*
    - *au-delà de 4 000 €, **appel** possible ;*
    - ***pourvoi en cassation** possible contre les jugements rendus en dernier ressort par le CP et les arrêts de la cour d'appel.*
- **Procédure d'urgence : le référé** qui permet d'obtenir notamment une décision d'urgence, toute mesure qui ne se heurte à aucune contestation sérieuse ou pour prévenir un dommage ou faire cesser un trouble manifestement illicite, même en cas de contestation sérieuse (ex : mesures de sécurité sur un chantier).

Le tribunal d'instance (TI)

- Compétence limitée à certains litiges (ex : contentieux concernant les élections des représentants du personnel, la désignation

Le tribunal de grande instance (TGI)

- Compétence dans des **cas précis** (ex : litiges collectifs tels que l'interprétation et l'application des accords collectifs, l'occupation des locaux dans le cas d'une grève). **Le président du TGI peut statuer en référé,** notamment pour **prévenir un dommage imminent** (ex : risque pour la sécurité des personnes) **ou faire cesser un trouble manifestement illicite** (ex : expulsion de grévistes occupant une usine).

Ordre judiciaire public

Sur le plan pénal

- Domaine : infractions.
- Juridictions :
  - *au 1er degré : tribunal de police pour une **contravention** (ex : pas d'affichage du règlement intérieur dans l'entreprise) ; tribunal correctionnel pour un **délit** (ex : délits d'entrave, de harcèlement ;*
  - *au 2nd degré : cour d'appel, chambre des appels correctionnels.*
  - *Cour de cassation, chambre criminelle.*

Sur le plan administratif

- Domaine : litiges issus d'une décision administrative (ex : décision de l'inspection du travail).
- Juridictions :
  - *au 1er degré : tribunal administratif ;*
  - *au 2nd degré : cour administrative d'appel ;*
  - *Conseil d'Etat, section du contentieux.*

LE TRAVAIL ILLÉGAL

→ La loi prévoit que sont constitutifs de travail illégal notamment les **délits** suivants :
- travail dissimulé,
- marchandage,
- prêt illicite de main-d'œuvre,
- emploi d'étranger non autorisé à travailler.

→ Des **sanctions** sont prévues par la loi pour les auteurs (personnes physiques) des délits et pour les personnes morales qui sont reconnues responsables de ces infractions.

Les délits constitutifs du travail illégal

Délit de travail dissimulé

Le travail dissimulé est interdit.
Il recouvre spécifiquement deux situations de **fraude** commises par les employeurs :

- la **dissimulation totale ou partielle d'activité** (pas d'immatriculation au répertoire des métiers…) ;
- **la dissimulation totale ou partielle d'emploi salarié** (pas de déclaration préalable à l'embauche, pas de délivrance de bulletin de paie aux salariés).

De manière plus générale, peuvent également donner lieu à des poursuites et à des condamnations dans le cadre du travail dissimulé :
- toutes les formes de publicité tendant à favoriser, en connaissance de cause, le travail dissimulé ;
- et le fait de recourir sciemment, directement ou par personne interposée, aux services d'une personne qui exerce un travail dissimulé.

Délit de marchandage

Le marchandage est interdit.

Il s'agit de **toute opération à but lucratif de fourniture de main-d'œuvre** qui a pour **effet** de causer un préjudice au salarié qu'elle concerne ou d'éviter l'application de dispositions légales ou de stipulations d'une convention ou d'un accord collectif de travail.

Délit de prêt illicite de main-d'œuvre

- Toute **opération à but lucratif** ayant pour objet exclusif le prêt de main-d'œuvre est interdite.
- Toutefois, le prêt de main-d'œuvre à but non lucratif est autorisé s'il est conclu entre entreprises. Ce prêt requiert :
  - l'accord du salarié concerné ;
  - une convention de mise à disposition entre l'entreprise prêteuse et l'entreprise utilisatrice ;
  - un avenant au contrat de travail, signé par le salarié.

Délit d'emploi d'étrangers non autorisés à travailler

La loi dispose notamment :

- que nul ne peut, directement ou indirectement, embaucher, conserver à son service ou employer pour quelque durée que ce soit un **étranger non muni du titre l'autorisant à exercer une activité salariée en France** ;
- qu'il est interdit à toute personne d'engager ou de conserver à son service un étranger dans une catégorie professionnelle, une profession ou une zone géographique autres que celles qui sont mentionnées, sur le titre qui l'autorise à exercer une activité en France.

Le contrôle du travail illégal

Agents de contrôle

Les infractions constitutives de travail illégal sont recherchées et constatées par des agents de contrôle dans la limite de leurs compétences respectives en matière de travail illégal. Ces personnes sont notamment :

- les agents de contrôle de l'inspection du travail ;
- les officiers et agents de police judiciaire ;
- les agents des impôts et des douanes ;
- les agents des organismes de sécurité sociale et des caisses de mutualité sociale agricole agréés à cet effet et assermentés ;
- les agents de Pôle emploi, chargés de la prévention des fraudes, agréés et assermentés à cet effet.

Sanctions du travail illégal

La loi prévoit en particulier deux types de sanctions.

- Sur le plan pénal : condamnation des personnes physiques et, le cas échéant des personnes morales, aux peines prévues pour chaque infraction.
- Sur le plan administratif, la loi prévoit de sanctionner les entreprises en fonction de la gravité des faits constatés. L'autorité administrative peut par exemple infliger les sanctions suivantes :
  - refus d'accorder certaines des aides publiques en matière d'emploi, de formation professionnelle et de culture pendant une durée maximale de cinq ans ;
  - fermeture de l'établissement ayant servi à commettre l'infraction, à titre temporaire et pour une durée ne pouvant excéder trois mois.

LA SÉCURITÉ SOCIALE

Organisation générale de la sécurité sociale

Régime général des salariés

Exemples de trois régimes :

BRANCHES	ORGANISATION LOCALE
1. ACOSS : Agence centrale des organismes de sécurité sociale	→ URSSAF : Union de recouvrement de la sécurité sociale et des allocations familiales → Caisse générale de sécurité sociale des DOM-TOM
2. Caisse nationale d'allocations familiales	→ Caisse d'allocations familiales (CAF)
3. Caisse nationale d'assurance maladie des travailleurs salariés	→ Caisse primaire d'assurance maladie (CPAM) → Caisse d'assurance retraite et de la santé au travail → Caisse générale de sécurité sociale des DOM-TOM
4. Caisse nationale d'assurance vieillesse des travailleurs salariés	→ Caisse d'assurance retraite et de la santé au travail → Caisse générale de sécurité sociale des DOM-TOM

→ L'ACOSS assure la redistribution des recettes destinées au financement des 4 branches du régime général de la sécurité sociale.

Régimes des non-salariés non agricoles

BRANCHES	ORGANISATION LOCALE
Régime social des indépendants (RSI)	→ Caisse régionale
Caisse nationale d'assurance vieillesse des professions libérales (CNAVPL)	→ Sections professionnelles
Caisse nationale des Barreaux français (CNBF)	
Caisse nationale d'allocations familiales	→ Caisse d'allocations familiales

Régime agricole

BRANCHES	ORGANISATION LOCALE
Caisse centrale de la mutualité sociale agricole	→ Caisses de la mutualité sociale agricole

Les régimes sociaux

Les principales caractéristiques du régime général, du régime des travailleurs indépendants et du régime agricole sont présentées ci-dessou

Régimes général

L'assurance maladie

Risque maladie

PRESTATIONS VERSÉES PAR L'ASSURANCE MALADIE	
Remboursement des frais de santé	• **Frais de santé** : en tout ou partie des frais. • **Conditions relatives aux soins** : sont dispensés dans un établissement public ou privé ou praticien autorisé et doivent figurer dans la nomenclature des actes professionnels ou la liste des médicaments remboursables. • **Montant** : tarif fixé par convention. • **Dépassement** : à la charge de l'assuré ou d'une protection complémentaire. • **Ticket modérateur** : participation à la charge de l'assuré. • **Participation forfaitaire** : à la charge de l'assuré. • **Franchises** : ex : 0.50 € par boîte de médicament. • **Tiers-payant** : quand les caisses paient directement les prestataires.

(suite du tableau)

Prestations en espèces	• **Indemnités journalières** : en cas d'arrêt maladie. • **Montant et versement** : fraction du salaire journalier de base majorée en fonction du nombre d'enfants à charge. • **Complément versé par l'employeur** : ex : à partir du 8ème jour et si le salarié a au moins un an d'ancienneté : 90 % de la rémunération brute pendant 30 jours. • **Contrôle médical** : par la CPAM. • **Obligations de l'assuré** : notamment : envoyer un arrêt de travail dans les 48 h à l'employeur, respecter les heures de sortie, ne pas effectuer d'activité non autorisée. • **Sanction en cas d'inobservation des obligations** : notamment : suspension totale ou partielle des indemnités journalières.
BÉNÉFICIAIRES	
Remboursement des frais de santé	**Toute personne qui travaille ou réside en France de manière stable et régulière.**
Indemnités journalières en cas d'arrêt de travail pour maladie	**Conditions** : le salarié doit **justifier du versement d'un montant minimal de cotisations.**
Ayants droit	La protection universelle maladie (PUMA) bénéficie **aux personnes majeures sans activité professionnelle si elles résident en France de façon stable et régulière.**
Couverture maladie universelle (CMU)	**Objectif :** • **CMU** : garantir aux plus démunis l'accès effectif à l'assurance maladie de base et assurer aux personnes non convertes une protection complémentaire ; • **CMU complémentaire** : pour les personnes dont les revenus sont les plus faibles : bénéficient gratuitement et en tiers payant de la part des soins non pris en charge par la sécurité sociale. **Prestataires** : le demandeur choisit notamment entre caisse d'assurance maladie, mutuelle et société d'assurance.

Risque maternité

Prestations	• **Frais** : de santé, prestations en espèces. • **Conditions** : déclaration de grossesse à la CPAM et à la CAF dans les 14 premières semaines de la grossesse ; remboursement de l'ensemble des frais médicaux. • **Objectif des prestations en espèces** : compenser la perte de salaire pendant le congé de maternité.
	• **Congé de maternité** : sa durée est fonction du nombre d'enfants dans la famille.
	• **Indemnité journalière** de maternité.
	• Prestations en espèces paternité (s'il y a cessation d'activité).
Bénéficiaires	• Personnes : toute femme qui travaille ou réside en France de façon stable et régulière.

Risque invalidité

Objet	• Accorder à l'assuré une **pension de compensation de la perte de salaire** résultant de la réduction de sa capacité de travail ou de gain due à la maladie ou à un accident non professionnel. • Assurer à la personne les **soins nécessaires compte tenu de son état.** • **Objectif des prestations en espèces** : compenser la perte de salaire pendant le congé de maternité.
Définition de l'invalidité	• Réduction stabilisée des 2/3 de la capacité de travail ou de gain.

→

(suite du tableau)

Bénéficiaires	• Condition : constat par un **état médical.**
Montant des primes ou de la pension	• Classement des invalides en **3 catégories** pour déterminer le taux de la pension. • Révision : si la personne change de catégorie.

Risque décès

Objet	• L'assurance décès prévoit l'**allocation d'un capital lors du décès de l'assuré** pour couvrir les frais occasionnés par le décès et aider la famille à faire face aux difficultés financières nées de la disparition de la personne.
Bénéficiaires	• Ce sont les personnes qui étaient au jour du décès à la **charge effective, totale et permanente de l'assuré.**
Régime social et fiscal	• Pas de droits de succession, ni cotisations de la sécurité sociale, ni CSG, ni CRDS sur le capital décès.

• L'assurance vieillesse

Caractéristiques

Différents régimes de base ***Exemples***	• **Régime général de la Sécurité sociale.** • **Régimes complémentaires :** Agirc (Association générale des institutions de retraite complémentaire des cadres), Arcco (Association pour le régime de retraite complémentaire des salariés). • **Epargne retraite.** • **Allocation de solidarité aux personnes âgées (ASPA).**
Techniques de financement	• Régime de base de la sécurité sociale : système par **répartition (solidarité entre générations).** • Régimes complémentaires : systèmes par **capitalisation**

Financement du régime général

Cotisation d'assurance vieillesse	• Versements **par le salarié et par l'employeur.**
Fonds de réserve des retraites	• But : accumuler des r**éserves pour le financement après 2020.**

Pensions du régime général

Condition	Toute personne **qui a cotisé au moins un trimestre à ce régime a droit à une pension de vieillesse du régime général.**
Droits de l'assuré	• **Le montant de la retraite est fonction de l'âge de départ à la retraite :** il est calculé en application de formules légales. • Il peut être réduit **quand l'assuré ne remplit pas les conditions pour bénéficier de la retraite à taux plein** ou majoré (il y surcote).
Pension	• Sa liquidation doit être demandée par le salarié.
Droits du conjoint survivant	• Il perçoit une **pension de réversion** égale à 54 % de la pension en principe.

• Réparation des risques professionnels

Risques garantis

Accident du travail	
Preuve	• **Présomption :** tout accident qui se produit aux temps et lieu de travail est présumé accident du travail. → La victime doit prouver la matérialité des faits. → L'employeur ou la CPAM peut écarter cette présomption simple par la preuve contraire.

Accident de trajet	
Preuve	• **Le salarié victime doit apporter la preuve** que l'accident s'est produit sur le lieu et au temps du trajet et que ce dernier n'a pas été détourné ou interrompu pour un motif d'intérêt personnel.

Maladie professionnelle	
Maladie contractée du fait du travail	• Est **présumée d'origine professionnelle** toute maladie inscrite dans un des tableaux en annexe du code de la sécurité sociale et contractée dans les conditions prévues.
Prestations	• Ouvre droit aux **mêmes prestations que l'accident du travail** ; a les mêmes incidences sur le contrat de travail.

Formalités

En cas **d'accident du travail ou de trajet**	• Le **salarié** doit prévenir l'employeur dans les 24 h sauf cas de force majeure, motif légitime ; **l'employeur** doit déclarer l'accident à la CPAM dans les 48 h.
En cas **de maladie professionnelle**	• Le salarié doit faire une déclaration à la CPAM **dans les 15 jours suivant l'arrêt de travail** : le double est envoyé à l'employeur et au médecin du travail.

Indemnisation

Calcul	= **Indemnisation forfaitaire**, pour compenser la perte de salaire.
Prestations en nature	= Prise en charge par Sécurité sociale (sans ticket modérateur).
Prestations en espèces	• Journée de l'accident : **payée par l'employeur**. • Dès le jour suivant : **indemnités journalières**.
Indemnité temporaire d'inaptitude	• Nécessité de faire une **déclaration d'inaptitude au travail**. • Montant : **indemnité journalière** versée pendant l'arrêt de travail lié à l'accident du travail ou à la maladie.
Rente	• **Rente d'incapacité permanente** : pour la victime d'un accident du travail ou de trajet, d'une maladie professionnelle à compter du jour de la consolidation de son état. • Selon le taux de l'incapacité permanente : si incapacité < 10 % : **indemnité en capital** ; dans les autres cas : rente dont le montant est calculé à partir du taux d'incapacité et du salaire annuel. De plus : 500 heures supplémentaires sur le compte personnel de formation pour permettre une reconversion professionnelle. • En cas d'**accident mortel** : les ayants droit perçoivent une rente.

Effets de la faute intentionnelle et de la faute inexcusable

Faute intentionnelle	
Fait de la victime	→ Aucune prestation ou indemnité pour accident du travail ; **seulement prestations en nature de l'assurance maladie.**
Fait de l'employeur	→ **Indemnité intégrale** et indemnisation d'autres dommages (moral...).

Faute inexcusable	
Définition	→ Faute volontaire d'une exceptionnelle gravité, exposant sans raison son auteur à un danger dont il aurait dû avoir conscience.
Effets	→ Si l'accident a entraîné une incapacité permanente : la rente peut être majorée (idem pour ayants droit en cas de décès).
Preuve	→ Le salarié doit apporter la preuve de la faute inexcusable.

→

Protection de la famille : les prestations familiales

Dispositions générales relatives aux prestations familiales

Allocataire	→ Personne à qui la loi reconnaît le **droit à une ou plusieurs prestations**. Elle doit résider en France et avoir à sa charge un ou plusieurs enfants résidant en France.
Notion d'enfant à charge	La charge **doit être effective et permanente** ; elle concerne notamment tout enfant de moins de 16 ans jusqu'à la fin de l'obligation scolaire.

Régime des travailleurs indépendants et régime agricole

Régime des travailleurs indépendants

Sont des travailleurs indépendants les personnes qui exercent une **profession artisanale,** une profession **industrielle ou commerciale** (c'est-à-dire qui réalisent des actes de commerce et sont immatriculées au RCS) ou une profession **libérale** (c'est-à-dire une activité professionnelle non salariée).

Statut social des travailleurs indépendants

Règles communes	
Obligations du travailleur	• **Immatriculation en son nom auprès des organismes sociaux**. • Règle lui-même ses cotisations sociales calculées selon son revenu professionnel.
Droits du travailleur	• Souscrire une assurance volontaire contre accidents du travail et maladies professionnelles. • Bénéficier du régime de la micro entreprise (fiscal et social).
Règles spécifiques	
Obligation des artisans, commerçants	• **Affiliation au RSI** (Régime social des indépendants) pour cotisations et contributions sociales.
Obligations des professions libérales	• **Affiliation à l'URSSAF**, au régime social des indépendants pour maladie et maternité, et à la caisse d'assurance vieillesse de la profession.

Régime agricole

Organisme	• MSA (Mutualité sociale agricole) : **régime de protection sociale dans le domaine agricole qui gère l'ensemble des bénéficiaires.** • Attributions : par exemple la gestion de la médecine du travail, la prévention des risques professionnels.
Bénéficiaires	• Salariés : assurances sociales agricoles, prestations du régime général des salariés. • Exploitants agricoles : prestations de l'assurance maladie, maternité, invalidité.

DANGER
LE PHOTOCOPILLAGE TUE LE LIVRE

« Le photocopillage, c'est l'usage abusif et collectif de la photocopie sans autorisation des auteurs et des éditeurs. Largement répandu dans les établissements d'enseignement, le photocopillage menace l'avenir du livre, car il met en danger son équilibre économique. Il prive les auteurs d'une juste rémunération. En dehors de l'usage privé du copiste, toute reproduction totale ou partielle de cet ouvrage est interdite. »

ISBN 978-2-216-15593-4

Toute reproduction ou représentation intégrale ou partielle, par quelque procédé que ce soit, des pages publiées dans le présent ouvrage, faite sans autorisation de l'éditeur ou du Centre français du Droit de copie (20, rue des Grands-Augustins, 75006 Paris), est illicite et constitue une contrefaçon. Seules sont autorisées, d'une part, les reproductions strictement réservées à l'usage privé du copiste et non destinées à une utilisation collective, et, d'autre part, les analyses et courtes citations justifiées par le caractère scientifique ou d'information de l'œuvre dans laquelle elles sont incorporées (loi du 1er juillet 1992 - art. 40 et 41 et Code pénal - art. 425).

© Foucher, une marque des éditions Hatier - Paris 2019

Maquette et mise en page : Philippe Sabin
Mise à jour : Sylvie Vaillant

MV-EB/EG

PAPIER À BASE DE FIBRES CERTIFIÉES

FOUCHER s'engage pour l'environnement en réduisant l'empreinte carbone de ses livres. Celle de cet exemplaire est de :
250 g éq. CO_2
Rendez-vous sur www.editions-foucher-durable.fr

Achevé d'imprimer en Espagne par Macrolibros à Valladolid
Dépôt légal : 15593-4/01 - mai 2019